EVA-MARIA BAST | HEIKE THISSEN

Heidelberger
Geheimnisse

SPANNENDES AUS DER KLEINEN METROPOLE
MIT KENNERN DER STADTGESCHICHTE

RHEIN-NECKAR-ZEITUNG

Bast, Eva-Maria; Thissen, Heike
Heidelberger Geheimnisse – Spannendes aus der kleinen Metropole
mit Kennern der Stadtgeschichte
RHEIN-NECKAR-ZEITUNG in Kooperation mit:
Bast Medien GmbH, Münsterstr. 35, 88662 Überlingen
(verantwortlich)
1. Auflage 2018
ISBN: 978-3-946581-47-5

Copyright: Bast Medien GmbH
Herausgeberin: Eva-Maria Bast
Ressortleitung: Heike Thissen
Lektorat: Lena Bast
Bildredaktion: Magdalena Stoll
Covergestaltung: Jarina Binnig, Cornelia Müller, Melanie Kunze
Layout: Homebase – Kommunikation & Design, Jarina Binnig
Grafik: Maps4News & HERE (Karte)
Satz: Melanie Kunze
Druck: Mohn Media Mohndruck GmbH

Ein Titel aus der preisgekrönten Reihe *Geheimnisse der Heimat*

Inhalt

Vorwort   *7*

Die Autorinnen   *9*

01. Geheimnis
Fratzen mit Münzen – *Zum Schutz der Oberrheinischen Bank*   *10*

02. Geheimnis
Türmchen – *Die Römisch-Katholischen wollten umziehen*   *14*

03. Geheimnis
Grabstein – *Reise zur Messe endet tödlich*   *17*

04. Geheimnis
Hurenbrunnen – *Zunächst keine Spur von leichten Mädchen*   *20*

05. Geheimnis
Hochwassermarke – *Ein Vulkanausbruch sorgt für Chaos*   *23*

06. Geheimnis
Bordsteinkanten – *330 Millionen Jahre unter den Füßen*   *26*

07. Geheimnis
Karzertür – *Widerborstige Studenten zur Vernunft gebracht*   *29*

08. Geheimnis
Feuersalamander – *Für den Marstall ein Schutz vor Flammen*   *33*

09. Geheimnis
Besitzstein – *Ein Zeichen, das vor Seuchen warnt*   *37*

10. Geheimnis
Schwarzblaues Viereck – *Das Pulverfass über dem Neckar*   *40*

11. Geheimnis
Initialen – *In Heidelberg war er beliebt*   *44*

12. Geheimnis
Einschlaglöcher – *Nach dem Angriff notdürftig geflickt*   *49*

13. Geheimnis
Komet – Viel Lärm um (fast) nichts   52

14. Geheimnis
Wäscherinnen-Brunnen – Fleißige Waschfrau   56

15. Geheimnis
Grundriss – Erinnerung an den Vorgängerbau   59

16. Geheimnis
Steinmetzzeichen – Das Geheimnis des Meisters   61

17. Geheimnis
Gedenkstein – Eine unglaubliche Schießleistung   64

18. Geheimnis
Himmelsleiter – Auf steilen Stufen nach oben   68

19. Geheimnis
Brezel – Rätsel um ein steinernes Gebäckstück   71

20. Geheimnis
Tilly-Sitzbank – Zwei Feinde in Idylle vereint   74

21. Geheimnis
Wolfsköpfe – Wasserspeier mit langer Geschichte   78

22. Geheimnis
Brunneninschrift – Zeichen einer unerfüllten Liebe   82

23. Geheimnis
Eisenhaken – Die Straße war einfach zu eng   86

24. Geheimnis
Adler-Schild – Pfannkuchenglück für Johannes Brahms   92

25. Geheimnis
Grabmal – Die große Frau an seiner Seite   96

26. Geheimnis
Bismarcksäule– Ein deutschlandweites Zeichen der Erinnerung   100

27. Geheimnis
Hundeköpfe – *Innige Beziehung zwischen Mensch und Tier*   105

28. Geheimnis
Kaspar-Job-Inschrift – *Der erste Tote auf dem Bergfriedhof*   107

29. Geheimnis
Loch – *Als es Steine regnete*   110

30. Geheimnis
Fischbecken – *Zum Frischhalten geeignet*   114

31. Geheimnis
Punkerstraße – *Keine Spur von Irokesenschnitt und Nietengürtel*   117

32. Geheimnis
Kanzlerblick – *Aussicht für Politiker und Wanderer*   120

33. Geheimnis
Turm – *Einst voller Wasser – heute leer*   123

34. Geheimnis
Zwei Eingänge – *Eine Mauer trennte die Gläubigen*   127

35. Geheimnis
Pferdchen – *Hoch zu Ross und hoch auf dem Dach*   131

36. Geheimnis
Teilkästen – *Das Wasser sprudelte nicht immer*   134

37. Geheimnis
Falscher Reichsadler – *Blick in die entgegengesetzte Richtung*   139

38. Geheimnis
Steinmauer – *Was von der Heroldhütte übrig blieb*   143

39. Geheimnis
Torturm – *Intakt durch Fehler in der Kriegsmaschinerie*   146

40. Geheimnis
Neidkopf – *Regen ist gut für den Teint!*   150

41. Geheimnis
Handwerkerzeichen – *Ein Schaufenster der etwas anderen Art*   153

42. Geheimnis
Portal – *Einst Einlass zum Zentralfriedhof*   155

43. Geheimnis
Setzkasten – *Relikt eines ehrgeizigen Projekts*   158

44. Geheimnis
Pferderelief – *Ein unscheinbares Werbeschild*   162

45. Geheimnis
Mausoleum – *Gedenken an ein Brauer-Ehepaar*   165

46. Geheimnis
Nadler-Denkmal – *Zwei verschiedenen Männern zur Ehr'*   168

47. Geheimnis
Schlussstein – *Ein Heim für Pilger und Kranke*   172

48. Geheimnis
Brückenkopf – *Was von der Neckarquerung blieb*   175

49. Geheimnis
Hausnummer – *Der lange Weg zur eigenen Adresse*   177

50. Geheimnis
Tunneleingang – *Der Ruß der Lokomotiven hat überdauert*   180

Quellen, Literatur, Bildnachweis   184

Stadtplan mit den Geheimnissen   188

Vorwort

H eidelberg ist ein Ort permanenten Geheimnisverrats. Wer mit wem was wann wo warum tut, wird unablässig erörtert in den Gassen, Kneipen und Häusern dieser Mini-Metropole. Die Stadt ist groß genug, ständig neuen Gesprächsstoff zu erzeugen, und dabei doch so klein, dass fast alle alles mitkriegen.

Was soll da dieses Buch? Weiß nicht jeder längst alles? Eben nicht. Sie halten ein packendes Werk in den Händen, in dem auch Ur-Heidelberger noch einige Geschichten finden, die sie nicht kannten. Denn die Autorinnen Eva-Maria Bast und Heike Thissen haben ein cleveres Erfolgsgeheimnis aus drei Zutaten:

1. Beide hatten vor zwei Jahren noch keinen Schimmer von Heidelberg. Klingt komisch, war aber wichtig: Als Uneingeweihte warfen die Autorinnen bei ihren Besuchen einen frischen Blick auf die alte Stadt – und wählten nur Geschichten aus, die ihrer unbestechlichen „Spannend genug?"-Prüfung standhielten.

2. Die Geheimnisse sind nicht aus der Luft gegriffen, sie liegen auf den Straßen. Auf diesen 192 Seiten stehen ausschließlich Geschichten, die Spuren im Stadtbild hinterlassen haben. Ob Hausfassade, Brunnen, Grabmal oder eine auffallend funktionslose Betonmauer – zu jeder Anekdote gibt es ein Relikt, dass Sie sich in Heidelberg jederzeit ansehen können.

3. Zweifellos sind die besten Geheimnisträger für Heidelberger Geheimnisse immer noch die Heidelberger. Und weil Bast und Thissen nicht doof sind, sondern Journalistinnen, haben sie mit diesen Menschen gesprochen. Vom Oberbürgermeister über den Hobbyhistoriker bis zum Pfarrer – unzählige Kenner dieser Stadt haben den Autorinnen Geheimnisse anvertraut.

Wir von der Rhein-Neckar-Zeitung freuen uns sehr, Kooperationspartner für den Heidelberg-Band dieser preisgekrönten Buchreihe zu sein. Das Team der Stadtredaktion spürt seit Jahrzehnten Geschichten aus allen Stadtteilen Heidelbergs auf. Als lokal verwurzelte Experten haben wir die Autorinnen beim Suchen der Geheimnispaten gerne unterstützt.

Das Ergebnis ist ein Buch, das Lust macht auf Heidelberg. Ein Buch, das anregt, diese kleine Großstadt ganz neu zu entdecken. Wenn Sie möchten, bauen Sie sich aus einigen der 50 Orte doch einmal ihren Sonntagsspaziergang zusammen. Mit der übersichtlichen Karte auf Seite 188 ist das schnell gemacht. Besuchen Sie die Objekte, von denen Sie bisher gar nicht wussten, was deren Geheimnis ist. Ist bestimmt spannender, als immer nur durch den Stadtwald oder am Neckar entlang – wobei die Autorinnen selbstverständlich auch dort faszinierende Geschichten aufgespürt haben.

Und falls Sie, liebe Leserin, lieber Leser, ein Geheimnis kennen, dann vertrauen Sie es uns getrost an. Wir schreiben es dann einfach in die Zeitung – da ist es doch immer noch am besten aufgehoben.

Mit freundlichen Grüßen

Sebastian Riemer
Stv. Leiter der Stadtredaktion Heidelberg, Rhein-Neckar-Zeitung

Die Autorinnen

Eva-Maria Bast, Jahrgang 1978, arbeitet seit 1996 als Journalistin. 2011 gründete sie mit Heike Thissen das Redaktionsbüro „Büro Bast & Thissen", das 2013 in „Bast Medien" überging. Sie initiierte und schreibt die Buchreihe *Geheimnisse der Heimat*, die 2011 startete, rasch zu einem regionalen Bestseller wurde und die 2018 in 53 Bänden vorliegt. Sie wurde für ihre Arbeit mehrfach ausgezeichnet, unter anderem erhielt sie mit dem Südkurier für die *Geheimnisse* den Deutschen Lokaljournalistenpreis der Konrad-Adenauer-Stiftung. Neben zwei Krimis liegt von ihr auch die vierbändige *Mondjahre*-Jahrhundertsaga vor. Ende 2018 erscheint unter dem Pseudonym Charlotte Jacobi bei Piper der Titel *Villa am Elbstrand*, den Bast gemeinsam mit Jørn Precht geschrieben hat. Eva-Maria Bast ist Gastdozentin an der Hochschule der Medien in Stuttgart, sie lebt am Bodensee.

Heike Thissen, Jahrgang 1980, ist seit 1999 im Journalismus zuhause. Sie hat an der Universität Leipzig und der Universidad de Valencia Diplom-Journalistik und Amerikanistik studiert und bei der Tageszeitung Südkurier in Konstanz volontiert. Nach mehreren Jahren als Redakteurin beim Südkurier arbeitet sie seit 2010 als freie Journalistin für Zeitungen und Zeitschriften und als PR-Redakteurin für verschiedene Unternehmen. Seit 2011 geht sie von Konstanz aus regelmäßig zusammen mit Eva-Maria Bast auf Geheimnissuche in ganz Deutschland und ist bei Bast Medien Ressortleiterin der *Geheimnisse der Heimat*.

01

Fratzen mit Münzen

Zum Schutz der Oberrheinischen Bank

Von diesem Geld lässt man lieber die Finger. Denn wer es entwenden will, der bekommt es mit teils schaurigen Gesellen zu tun. Zwar tragen die gehörnten Männer mit wallendem Haar und entschlossenem Blick ihre Geldbeutel deutlich sichtbar um den Hals oder recken dem Betrachter einzelne Münzen mit ihren Mündern hin – doch sie ihnen abnehmen möchte man lieber nicht. Wie kommt ein so schmucker und prägender Bau in der wichtigsten Straße Heidelbergs zu diesen furchteinflößenden Konsolköpfen? Der Alt-Heidelberger Fritz Hartmann weiß es: „Das hier war früher die Oberrheinische Bank. Vor allem am Portal kann man an vielen Stellen ihre Initialen O und B erkennen, die darauf hinweisen." Die Geldbeutel an den Hälsen der Fratzen und die Münzen in ihren Mündern sind also ein Hinweis darauf, was sich einst im Innern des Gebäudes befand.

Die Heidelberger Architekten Jakob Henkenhaf (1855-1927) und Friedrich Ebert (1850-1914) erbauten das repräsentative dreigeschossige Haus in den Jahren 1900 und 1901 als Bank- und Wohnhaus für die Oberrheinische Bank. Diese war ein Kreditinstitut mit Sitz in Mannheim, das außer in Heidelberg auch in Straßburg, Karlsruhe, Freiburg und Basel repräsentative Filialen unterhielt und sich vor allem um kurzfristige Unternehmensfinanzierung kümmerte. „Als Verweis auf die Standorte sind dort oben das Heidelberger, das Mannheimer und das badische Wappen angebracht", sagt Hartmann, „seit 1939 nutzt aber die Universität das Gebäude." Er freut sich, dass es heute noch in voller Pracht an Ort und Stelle steht. Denn Mitte der 1960er-Jahre war der repräsentative Eckbau mit seiner reich geschmückten Neorenaissance-Fassade aus rotem Sandstein eigentlich zum Abriss vorgesehen und wurde erst Anfang der 1990er-Jahre instand gesetzt.

„Mein Geld kriegst du nicht!", scheint diese Fratze mit dem Geldstück zwischen den Zähnen zu sagen.

„Das Hauptportal, das man vom Universitätsplatz aus gut sieht, führte in die Schalterhalle. Und von dort ging es in den Keller mit den Tresoren", erinnert sich Hartmann, der von Zeitgenossen gern als Altstadt-Urgestein bezeichnet wird. „Ich hatte als Lehrbub für Heizungs- und Lüftungsbau in dem Gebäude zu tun, und weil ich schon immer sehr neugierig war, habe ich auch dort meine Nase überall reingesteckt. Da unten standen zwei riesige Tresore und ich erinnere mich noch wie heute an die massiven Türen und ihre riesigen Scharniere. Das war beeindruckend." Doch nicht nur die Schutztüren versprachen Sicherheit für das dort eingelagerte Ersparte, auch die Trägerwände aus Stahlbeton trugen dazu bei.

Ein vergleichbares Gebäude aus der Zeit um die Jahrhundertwende ist in der überwiegend barock geprägten Heidelberger Innenstadt nicht zu finden. Und doch erinnert es an ein anderes Bauwerk, das gar nicht so weit entfernt steht: Auch die Stadthalle am Neckarufer wurde vom Architektenduo Henkenhaf und Ebert errichtet (siehe Geheimnis 10) – und das fast zeitgleich. Bei beiden Gebäuden orientierten sich die Planer in ihrem Baustil am damals gerade wiederhergestellten Friedrichsbau des Heidelberger Schlosses.

Die Initialen O und B erinnern daran, dass hier einst die Oberrheinische Bank eine Filiale betrieb.

In Sandstein gemeißelte Fratzen wie die am Gebäude der Oberrheinischen Bank sucht man an der Stadthalle allerdings vergeblich. Welchen Zweck Henkenhaf und Ebert mit ihnen verfolgten, ist nicht überliefert. Doch erinnern sie deutlich an sogenannte Neidköpfe, die an Gebäuden angebracht wurden, um Böses abzuwehren (siehe Geheimnis 40). Die Dämonen mit den Geldbeuteln und den Münzen wären demnach dazu da, böse Menschen abzuwehren, die das Geld der Bank stehlen wollten. So etwas wäre Fritz Hartmann nie im Leben eingefallen, egal, wie neugierig er als Lehrbub vielleicht auch

„Da unten standen zwei riesige Tresore und ich erinnere mich noch wie heute an die massiven Türen und ihre riesigen Scharniere. Das war beeindruckend."

gewesen sein mag. „Aber einen Blick in den Tresorraum habe ich durchaus gern geworfen", sagt er schmunzelnd. Doch da waren die Zeiten der imposanten Filiale der Oberrheinischen Bank in Heidelberg ohnehin längst vorbei.

Heike Thissen

....

So geht's zu den Fratzen mit Münzen:

Sie befinden sich an der Fassade des Gebäudes in der Hauptstraße 126/128.

Eberhard Grießhaber weiß, welche besondere Bewandtnis es mit dem kleinen Türmchen auf dem Dach hat. Und er weiß auch, dass der weiße Holzanbau neben ihm einst als Krankenhaus diente.

02

Türmchen

Die Römisch-Katholischen wollten umziehen

„Das", sagt Kirchenkenner Eberhard Grießhaber und deutet auf ein kleines, schornsteinartiges Gebilde, „ist kein Schornstein." Über den verwunderten Blick seiner Begleiterin freut er sich offenbar und fügt schmunzelnd hinzu: „Es ist ein Kirchturm. Man wollte seinerzeit sogar Glocken hochziehen, aber dazu kam es nicht mehr." Wie ein Kirchturm sieht der hoch aufragende Gebäudeteil nun wirklich nicht aus. Betritt man das dazugehörige Haus, in dem heute das Verpackungsmuseum untergebracht ist, kann man sich darin aber sehr wohl eine Kirche vorstellen: Im Erdgeschoss befinden sich riesige Kirchenfenster, die auf den Garten hinauszeigen, eine Empore zieht sich um einen großen, hallenartigen Raum.

„Das hier war eine Notkirche", sagt Eberhard Grießhaber. „Und der

Grund, warum man sie brauchte, war die Sache mit den Alt-Katholiken."

Die „Sache mit den Alt-Katholiken" begann mit dem Ersten Vatikanischen Konzil von 1869: Etliche Katholiken waren mit den dort
gefassten Beschlüssen nicht einverstanden, wurden infolgedessen
exkommuniziert und schlossen sich zu eigenen Gemeinden zusammen. Ihr größter Kritikpunkt war der Jurisdiktionsprimat, also die
höchste Rechts- und Lehrgewalt des Papstes. Die Bezeichnung „Alt-
Katholiken" entstand, weil sie sich auf die Alte Kirche beriefen und
sich damit von der Dogmatischen Kons-
titution „Pastor aeternus" des Ersten
Vatikanischen Konzils distanzierten. Die
Altkatholische Kirche gilt heute mit ihrer
Frauenordination, einer sehr ökumeni-
schen Haltung und der Tatsache, dass sie
keinen Zölibat fordert, als sehr liberal
und wird teilweise als „neuprotestan-
tisch" kritisiert.

„Ab 1872 bildeten sich dann auch
eigene altkatholische Gemeinden",
erzählt Grießhaber. „Und für diese
Gemeinden brauchte es Kirchen. Der
Großherzog von Baden verfügte zwar,
dass die römisch-katholischen Kirchen
auch von den Alt-Katholiken genutzt
werden dürfen. Doch die Römisch-
Katholischen standen den Alt-Katholiken sehr skeptisch gegenüber und wollten
keine gemeinsame Nutzung ihrer Kirche", sagt der Experte. „In Heidelberg
hatte das zur Folge, dass die römisch-

Der Glockenturm, der niemals
Glocken trug, erinnert an die einstige
Nutzung des Gebäudes als Kirche.

katholische Gemeinde aus der Annakirche auszog und dort nun die
Alt-Katholiken Gottesdienst feierten. Eine Notkirche für die
Römisch-Katholischen musste her – und so entstand das Haus, auf
dem sich heute der kleine Kirchturm befindet", erzählt der Heidelberger, der eine ganz besondere Beziehung zu dem Gebäude hat, da

sein Großvater es nach der Profanisierung 1911 kaufte und es sich immer noch in Familienbesitz befindet.

Der weiße Holzanbau, der sich östlich vor der ehemaligen Notkirche erstreckt, diente übrigens als Krankenhaus. „Es war damals so, dass Mediziner, die katholisch waren, im Krankenhaus in der St.-Anna-Kirche gearbeitet hatten und dieses, als die Alt-Katholiken einzogen, verlassen mussten", sagt Grießhaber. „Deshalb wurde hier ein Behelfskrankenhaus eingerichtet." Es bestand bis 1896. „Dann wurde es zu klein, und in der Weststadt wurde das St. Josef-Krankenhaus gebaut. Dieses hier ist im Grunde sein Vorläufer."

„In Heidelberg hatte das zur Folge, dass die römisch-katholische Gemeinde aus der Annakirche auszog und dort nun die Alt-Katholiken Gottesdienst feierten."

Und die Kirche? Die Alt-Katholiken zogen aus der Annakirche aus und in die Erlöserkirche ein. „Die römisch-katholische Gemeinde konnte wieder in die Annakirche zurückkehren und verließ die Notkirche", erzählt der Kirchenfreund die Geschichte zu Ende. Nur noch der bescheidene Turm erinnert an die einstige Nutzung des Gebäudes. Und der Innenraum des Verpackungsmuseums, in dem sich ein Besuch ohnehin lohnt.

Eva-Maria Bast

....

So geht's zum Türmchen:

Es befindet sich auf dem Haus Hauptstraße 22.

Heiner Grombein hat sich intensiv mit dem Mann
beschäftigt, dem dieser Grabstein gesetzt wurde.

Grabstein

Reise zur Messe endet tödlich

Die Räuber ducken sich tiefer in den Straßengraben. Es ist der 1. Mai 1811, stockdunkel, kurz nach Mitternacht. Auf der Bergstraße naht eine Kutsche. Die Männer nicken sich zu, dann springt einer, der sich Hölzerlips nennt, auf die Straße und stoppt die Kutsche. Seine Kumpanen folgen, schlagen den Kutscher mit Stöcken von seinem Bock und zwingen ihn dazu, die Pferde festzuhalten. Derweil dreschen sie weiter auf das Fahrzeug ein – der Tumult weckt die schlafenden Reisenden Hans Jacob Rieter (1766-1811), Mitglied der bedeutenden Kaufmannsfamilie Rieter in Winterthur, und dessen Begleiter Rudolf Hanart. Die beiden sind auf dem Weg von der Frankfurter Messe zurück in die heimische Schweiz. Ängstlich verlassen sie die Kutsche, nur um draußen von den Räubern niedergeknüppelt zu werden. Beide verlieren das Bewusstsein, doch Rieter kommt schnell wieder zu sich und wird deshalb von einem Bandenmitglied, dem Langen Andres, weiter verprügelt. Der sechsfache Vater steht Todesängste aus. Alles, alles werde er den Räubern geben, wenn sie ihn nur am Leben lassen, beteuert er und greift nach dem Knüppel, mit dem der Lange Andres ihn verprügeln will. Das bringt den Räuber vollkommen in Rage. Er zückt seine Pistole und drischt

„Fast alle Bandenmitglieder wurden erwischt.“ mit dem Kolben so lange auf sein Opfer ein, bis Rieter schwer verletzt zusammenbricht.

Die Angreifer fliehen mit den erbeuteten Schätzen. Ein Postreiter, der in der Nähe unterwegs ist, hört die Hilferufe und alarmiert den Schultheißen Georg Anton Wiegand in Hemsbach. Der trommelt eine Gruppe von Reitern zusammen, und gemeinsam galoppieren sie in den Wald, um den Überfallenen Hilfe zu leisten. Die Schwerverletzten werden ins nahegelegene Hemsbach gebracht. Rieter bittet darum, man möge ihn nach Heidelberg transportieren, wo er ärztliche Hilfe in Anspruch nehmen wolle. Doch es ist zu spät. Hans Jacob Rieter schließt am Sonntag, den 5. Mai, für immer seine Augen. Er wird in der Peterskirche beigesetzt. Sein Sohn, der herbeigeeilt ist, um ihn zu pflegen, kann nur noch zu seiner Beerdigung gehen.

Vergessen wird man Hans Jacob Rieter indes nie: Sein Grabstein steht auf dem Alten Friedhof der Peterskirche, sein Schicksal ist in den Stein eingemeißelt: *Dem ehrbaren Handelsmanne Hans Jacob Rieter von Winterthur in der Schweitz, er starb am 5. Mai 1811 an seinen Wunden von Räuber Hand geschlagen, tief betrauert von allen die ihn kannten.*

Der Heidelberger Heiner Grombein hat den Grabstein schon oft besucht und sich viel mit der Geschichte des Ermordeten und auch mit der der Räuberbande beschäftigt. „Der Raubmord hat für einen riesigen Skandal gesorgt“, sagt er, „zumal es sich bei Rieter um einen Handelsmann aus dem Ausland handelte.“ Heidelbergs damaliger Stadtdirektor Ludwig Pfister habe nichts unversucht gelassen, um die Räuberbande zu schnappen – und er hatte Erfolg. „Fast alle Bandenmitglieder wurden erwischt“, hat Grombein recherchiert. „Am 2. Juni 1812 wurden vor dem badischen Oberhofgericht Todesurteile gesprochen und am 31. Juli 1812 vollstreckt." Diese Todesstrafen wurden allerdings nicht mehr, wie in früheren Zeiten üblich, auf dem Marktplatz, sondern vor der westlichen Stadtmauer vollzogen.

Zu den Verurteilten gehörten Georg Philipp Lang, der auf den Spitznamen Hölzerlips hörte, und Philipp Friedrich Schütz, genannt Mannefriedrich, sowie Veit Krämer und Krämer Mathes, sie wurden vom Scharfrichter mit dem Schwert enthauptet. Andreas Petry und Sebastian Lutz wurden aufgrund ihrer Jugend zu lebenslänglicher Haft verurteilt und 1830 beziehungsweise 1831 in die Freiheit entlassen. Andreas Frank alias Langer Andres allerdings, konnte fliehen und wurde nie gefasst, auch seine Identität blieb ungeklärt.

Ausgerechnet der Mann, der den Mord begangen hatte, kam also ungeschoren davon und mit den Jahren und Jahrzehnten geriet die Geschichte in Vergessenheit. Zumindest weitgehend – denn auf der Rückseite der Peterskirche steht ja zumindest ihre Kurzfassung noch geschrieben. Und zwar in Stein gemeißelt!

In Stein gemeißelt steht hier die Kurzfassung einer grausamen Geschichte.

Eva-Maria Bast

So geht's zum Grabstein:

Er steht auf der Südseite der Peterskirche, Plöck 70.

19

Hurenbrunnen

Zunächst keine Spur von leichten Mädchen

Diese Bezeichnung regt die Fantasie an, keine Frage. Wer im Heidelberger Stadtwald über den Namen *Hurenbrunnen* stolpert, fragt sich unweigerlich, was eine versteckte, bemooste Wasserstelle mit leichten Mädchen und dem horizontalen Gewerbe zu tun haben mag. „Erst einmal gar nichts", sagt Arnold Schwaier und lacht. Der Schlierbacher kennt sich auf dem Heidelberger Hausberg Königstuhl hervorragend aus und hat das Brünnlein, das abseits der großen Wanderwege liegt und deshalb vielen verborgen bleibt, schon viele Male besucht.

„Der Hurenbrunnen hieß früher auch *Hurnbrunnen* oder *Hurenbronnen*. Ab 1744 sind diese Namen überliefert. Und sie alle haben ihren Ursprung darin, dass die Gegend hier ziemlich sumpfig und schlammig war. Denn nichts anderes bedeutet das mittelhochdeutsche Wort *hor*", erklärt der passionierte Heimatforscher. Dass inmitten des heutigen Stadtwaldes früher einmal mehr als nur ein steinernes Wasserbecken mit kurzem Wasserlauf gestanden hat, darauf verweisen die historischen Quellen: Es sei eine „Quell und […] bronnen stub […] an dem gegen Wolffs bronnen […] ziehenden fuß pfadt auff der Viehe Waydt", zitiert Herbert Derwein in seinem Standardwerk über Heidelberger Straßen- und Flurnamen einen Hinweis aus dem Jahr 1772. „Das mit der Brunnenstube kann ich mir gut vorstellen", greift Arnold Schwaier den Gedanken auf. „Ich habe östlich der Quelleinfassung eine kleine Mauer entdeckt, die ein Teil von ihr gewesen sein könnte."

Viel mehr als die Frage nach der Brunnenstube interessiert den Schlierbacher jedoch, was mit dem Hurenbrunnen zu Beginn des Dreißigjährigen Kriegs (1618-1648) war, als Heidelberg 1622 von den bayerischen Truppen des Generalleutnants Johann t'Serclaes Tilly (1559-1632) belagert wurde. „Auf Plänen aus diesem Jahr ist zu erkennen, dass der Hurenbrunnen sich an der äußersten südöst-

Arnold Schwaier sitzt allein am Hurenbrunnen, dessen Name vermutlich gar nichts mit leicht bekleideten Damen zu tun hat.

lichen Verteidigungslinie des Schlosses und Heidelbergs oberhalb der sogenannten Hangriegelwälle und der Befestigungen des Fasanengartens befand. Es würde mich also wundern, wenn es hier nicht irgendeine Form einer Befestigung gegeben hätte", überlegt Schwaier. Dann könne es mit dem Begriff *Hurenbrunnen* durchaus mehr auf sich haben als nur den morastigen Untergrund. „Wenn hier oben Soldaten unter Belagerung stationiert waren, kann ich

Idyllische Quelle mitten im Wald: der Hurenbrunnen.

mir gut vorstellen, dass sie hier auch die ein oder andere Dirne empfangen haben", sagt er augenzwinkernd.

Ein lauschiges Plätzchen ist der Hurenbrunnen allemal. „Nach seiner langjährigen Tätigkeit als Revierförster im Schlierbacher Stadtwaldteil hat Gerd Klumb ihn gestaltet", erzählt Schwaier über die Entstehung des Brunnens. Wer dem Plätschern des Wassers lauschen will, muss der Biersiedersteige den Rücken kehren und über einen kurzen Pfad mit bemooster Treppe zum Brunnen hinabsteigen. Morastig ist der Untergrund bei entsprechenden Witterungsverhältnissen auch heute noch. Der Name Hurenbrunnen passt also nach wie vor hervorragend.

Heike Thissen

So geht's zum Hurenbrunnen:

Der steile Abstieg zum Hurenbrunnen zweigt nach rund einem Kilometer links von dem Wanderweg ab, der in der ersten Spitzkehre des Molkenkurweges beginnt.

Dieser Strich erinnert nicht nur an ein Hochwasser – sondern auch an einen Vulkanausbruch. Martin Blumröder weiß, warum.

05

Hochwassermarke
Ein Vulkanausbruch sorgt für Chaos

„Können Sie sich das vorstellen?", fragt Martin Blumröder. „Können Sie sich vorstellen, dass dieser Strich an der Hauswand Ecke Steingasse/Fischmarkt sich hier nicht befände, wenn im 18. Jahrhundert nicht in Island der Laki-Vulkan ausgebrochen wäre?" Die Geschichte fasziniere ihn immer wieder, sagt der Gästeführer und beginnt auch gleich, sie zu erzählen:

In Island hatte es 1783 und 1784 mehrere Erdbeben gegeben, denen der Ausbruch des Laki-Vulkans folgte. Selbiger begann am 8. Juni 1783 und zog sich über einen sehr langen Zeitraum hin. Bis zum 7. Februar 1784 sollte es dauern, bis der Vulkan sich wieder beruhigte. Insgesamt waren es rund 130 Krater, aus denen basaltische Lava austrat. Am Pfingstsonntag, den 8. Juni 1783, ging es los, als Lavasäulen in die Luft schossen. 45 Tage lang floss Lava anstelle des Wassers durch ein Flussbett.

„Dieser Vulkanausbruch war für Island natürlich eine Katastrophe", sagt Blumröder. Und nicht nur Island war davon betroffen, sondern ganz Europa. Durch die riesige Menge an Ascheteilchen, die in die Stratosphäre geschleudert wurden, verdunkelte sich der Himmel, es kamen kaum noch Sonnenstrahlen zur Erde durch. In der Folge wurde es merklich kühler auf dem europäischen Kontinent, was Ernteausfälle nach sich zog. Und das war noch nicht alles: Die Ausstöße des Vulkans waren hochgiftig, insgesamt stieß der Laki-Krater acht Millionen Tonnen Fluor aus.

Bis nach Westeuropa drangen die giftigen Wolken, hier machten sich vor allem die rund 120 Millionen Tonnen Schwefeldioxid bemerkbar. Der giftige Nebel breitete sich über Paris, Prag und in Nordeuropa bis nach Bergen aus. Auch England hielt er in Atem – hier starben sogar Menschen, deren Lungen ihn nicht vertragen konnten. „In England und auch in Finnland ist die Asche regelrecht vom Himmel geregnet", sagt Martin Blumröder. Da das Nachrichtenwesen aber längst nicht so gut ausgebaut war wie heute, war vielerorts unklar, woher all der Nebel und der unangenehme Staub kommen könnten.

Autor Christian Gottfried Donatius beschrieb das in seinem *Oekonomische(n) Portefeuille zur Ausbreitung nützlicher Kenntnisse und Erfahrungen aus allen Theilen der Oekonomie* so: „Der Nebel oder Heerrauch, womit die Luft vom zwanzigsten Junius bis zum achtzehnten Julius 1783 fast allenthalben angefüllet gewesen, hat verschiedene male einen unangenehmen und stinkenden Geruch gehabt." Weiter berichtet er: „Der erste stinkende Nebel am gedachten 22. Junius des Morgens frühe verdunkelte die Luft sehr, und es empfanden nicht allein Menschen, welche sich in dieser Zeit in freyer Luft aufgehalten, einen zusammenziehenden Schmerz im Halse." Auch die Pferde hätten augenscheinlich Probleme gehabt, und manch einer habe den Weltuntergang vorhergesehen.

Bis dahin hat das alles noch nicht viel mit dem Strich an der Hauswand in Heidelberg zu tun. Und diese hier geschilderte Geschichte spielt ja auch ein Jahr früher: Der Laki-Vulkan brach 1783 aus, der Strich ist aber auf 1784 datiert. „Trotzdem steht all das in unmittelbarem Zusammenhang miteinander", versichert Blumröder. Denn dadurch, dass so wenig Sonnenlicht und -wärme zur Erde durchkam, gab es einen extrem kalten Winter – dem, als sich das Klima wieder einigermaßen normalisiert hatte, eine enorme Schneeschmelze im Jahr 1784 folgte. Und diese führte vielerorts zu ungewöhnlich starkem Hochwasser.

Das machte sich auch in Heidelberg bemerkbar. „Zu dem Hochwasser kam noch ein grundsätzliches Problem, das wir hier in Heidelberg hatten", sagt Blumröder. „Wir hatten damals insgesamt acht Holzbrücken, und immer, wenn zu viel Eis den Neckar herunterkam, blieb es an einer der Brücken hängen." Den Massen, die im Februar 1784 den Neckar entlangflossen, konnten die hölzernen Brücken nicht standhalten, im Gegenteil, sie trugen in gewisser Weise zu dem Problem bei, denn das Eis blieb an den Pfeilern hängen: „Das Eis hat sich übereinander geschoben, sodass sich schließlich mehrere Meter stapelten. Eis und Holz haben sich verhakt und einen Staudamm gebildet." Das Militär habe den Eisberg zwar gesprengt, „aber dadurch ist dann wieder so viel Eis nachgekommen, dass sich der künstliche Staudamm gleich wieder gebildet hat", schildert der Heidelberger die Problematik. Neckarabwärts konnte das Wasser also nicht fließen.

Irgendwo musste es aber hin, und so floss es in die Stadt, wo es rund 200 Häuser beschädigte, erst die Hauptstraße war überschwemmungssicher. „Es stieg immer höher – bis zu diesem Strich", sagt Blumröder und stellt fest, dass er, wenn er damals an dieser Stelle gestanden hätte, vom Wasser bedeckt worden wäre. „Ich bin froh", sagt er, „dass ich das nicht erleben musste."

Eva-Maria Bast

....

So geht's zur Hochwassermarke:

Sie befindet sich am Eckhaus Steingasse/Fischmarkt.

Bordsteinkanten

330 Millionen Jahre unter den Füßen

Wer einmal mit Geologin Dagi Keller in Heidelberg unterwegs war, wird danach nicht mehr achtlos auf die Bordsteinkanten der Fußgängerwege in der Altstadt treten. Denn die Mitarbeiterin des UNESCO-Geo-Naturparks Bergstraße-Odenwald kann anschaulich erklären, dass es sich dabei um ein nie beachtetes, aber bemerkenswertes Relikt aus der Erdgeschichte handelt: „Diese Steine bestehen aus Heidelberger Granit und sind damit rund 330 Millionen Jahre alt."

Beinahe liebevoll streichelt die gebürtige Mannheimerin über die Bordsteinkanten und weist auf deren Besonderheiten hin: „Hier ist das Gestein poliert und geschnitten, aber man erkennt ganz deutlich die großen, rechteckigen Mineralien des Kalifeldspats. Das kommt so nur in dem Granit zwischen Heidelberg und Weinheim vor, der deswegen den Namen Heidelberger Granit bekommen hat."

„Im Schlossgraben kann man den Granit in seiner ursprünglichen Form sehen und anfassen."

Dagi Keller muss weit in der Erdgeschichte zurückgehen, um zu erklären, wie es dazu kam. „Vor mehr als 400 Millionen Jahren gab es die Kontinente, wie wir sie heute kennen, noch längst nicht. Dafür bestanden andere Landmassen, die zum Beispiel Gondwana oder Laurasia hießen, und dazwischen große Inseln. Zu diesen gehörte Armorika, und darauf lässt sich die heutige Region um Heidelberg verorten." Doch weil Kontinente schon damals immer in Bewegung waren, kollidierten im Erdzeitalter Karbon, also vor rund 400 Millionen Jahren, die zwei Großkontinente. Ein Hochgebirge vergleichbar mit den Alpen, das sogenannte Variskische Gebirge, entstand. Dabei drang Magma von unten herauf. An manchen Stellen trat es durch Vulkanausbrüche an die Erdoberfläche, an anderen Orten blieb es unterirdisch.

Dagi Keller nimmt auf den Bordsteinkanten aus 330 Millionen Jahre altem Heidelberger Granit Platz.

„Und da, wo es unter der Erdoberfläche langsam wieder erkaltete, hatten die Feldspat-Kristalle genügend Zeit, in ihrer idealen Form zu wachsen, sodass der Heidelberger Granit entstand", fasst Dagi Keller die lange Entwicklung zusammen. Rund 330 Millionen Jahre sei das nun her, erklärt die Geologin. „Bei dem Granit, den jeder von uns von seiner Küchenplatte kennt,

„Das ist ein Fenster in die Erdgeschichte."

sind die drei Mineralien Feldspat, Quarz und Glimmer in etwa gleich groß und verleihen ihm sein hübsch gepunktetes Aussehen", sagt sie. „Granite gehören zur Gruppe der Tiefengesteine, bei denen man mit bloßem Auge die einzelnen Kristalle sehen kann. Beim Heidelberger Granit erkennt man deutlich die rosafarbenen oder rötlichen Feldspat-Kristalle, die besonders groß ausfallen. Die weißen Kristalle sind Quarz, die schwarzen sind Biotit, ein Glimmer-Mineral."

Reste des Variskischen Hochgebirges sind im Odenwald immer wieder zu finden, unter anderem auch unterhalb des Heidelberger Schlosses. „Im Schlossgraben kann man den Granit in seiner ursprünglichen Form sehen und anfassen. Das ist schon sehr beeindruckend", findet Dagi Keller. Dort in der Steilwand trifft der Heidelberger Granit auf eine weitere geologische Einheit, eine jüngere, die „erst" 290 Millionen Jahre alt ist und sich aus Sand, Geröll und vulkanischem Gestein abgelagert hat. „Das ist ein Fenster in die Erdgeschichte", sagt die Geologin fasziniert.

Dasselbe gilt für die Bordsteinkanten in der Altstadt, 330 Millionen Jahre alt und täglich mit Füßen getreten.

Heike Thissen

So geht's zu den Bordsteinkanten:

Sie sind in der gesamten Heidelberger Altstadt zu finden, unter anderem in der Ingrim-Straße.

Susanne Kahlig denkt an die Studenten, die früher hinter dieser Karzertür eingesperrt waren.

Karzertür

Widerborstige Studenten zur Vernunft gebracht

„Ich bin da jahrelang dran vorbeigegangen und habe diese Tür nie bemerkt", sagt Susanne Kahlig. Die Heidelbergerin ist oft in der Uni unterwegs, in der sich die Tür befindet – umso mehr wundert sie sich, dass sie ihr nie aufgefallen ist. „Man sieht ja, dass es keine normale Tür ist", sagt sie, „sie sieht schon so geheimnisvoll aus." In der Tat! Die Tür in einer Nische neben der großen Treppe ist niedrig, offenbar sehr alt und: verriegelt.

„Der Heidelberger Karzer in der Augustinergasse ist ja heute sehr berühmt und öffentlich zugänglich", beginnt Susanne Kahlig die Geschichte zu erzählen. Tausende Menschen besuchen die Räume und betrachten die vielen Sprüche und Graffiti, die die Studenten, die hier eingesperrt waren, an den Wänden hinterlassen haben. „Aber kaum jemand weiß, dass dieser Raum hier in der Alten Universität der Vorgängerkarzer war." Hier mussten also Studenten Buße tun, die sich nicht an die Regeln der Universität gehalten hatten.

„Die Karzerstrafe geht zurück bis in die Gründungszeit der Universität", erzählt die Gästeführerin. „Sie hatte damals eine eigene Gerichtsbarkeit und durfte Strafen über ihre Studenten verhängen." Es existiert auch ein Dokument des Universitätsgründers und Kurfürsten Ruprecht (1309-1390) aus dem Jahr 1386, in dem genau festgehalten ist, wann Karzerstrafen von wem verhängt werden dürfen. Einen festen Karzer gab es in den ersten 200 Jahren der Universitätsgeschichte aber wohl noch nicht: Werner Moritz schreibt in seinem Aufsatz *Ein Gefängnis der ganz besonderen Art: der Universitäts-Karzer*: „Lange bezeichnete ‚Karzer' allerdings eher die Strafe (poena carceris), weniger einen bestimmten Ort der Verbüßung. In der Regel legte man die Delinquenten (incarcerati) in die städtischen Gefängnisse in den Stadttürmen (Hexenturm, Brückenturm). Von der speziellen Einrichtung eines ersten festen Karzers in einem kleinen Häuschen am damals so genannten Lindenplatz (heute etwa Schulgasse 4, Hinterhof) berichten die Quellen erst aus dem Jahr 1545."

An dieser geheimnisvollen Tür gehen viele achtlos vorbei.

Dann allerdings gab es durchgängig universitätseigene Räume, in denen Studenten, die sich nicht an die Regeln hielten, eingesperrt wurden. Schon im Vorgängerbau des heutigen Universitätsgebäudes, im Casimirianum, gab es Karzerräume. „Als dann 1712 der Neubau errichtet wurde, baute man ebenfalls Karzerräume mit ein, von denen noch heute diese kleine Tür zu sehen ist", sagt die Heidelbergerin. Dahinter war's zum Fürchten. „Wer unter Platzangst litt, hatte hier ein echtes Problem", schätzt Susanne Kahlig. „Hinter der Tür ist es sehr niedrig, da ist nur ein kleiner Raum, von dem rechts und links je eine Zelle abgeht." Sie weiß auch von einem besonders tragischen Ereignis im Zusammenhang mit diesem alten Karzer: „Am Neckar kam es ja immer wieder zu Hochwassern. 1784 stand der heutige Uniplatz, der sich direkt im Anschluss an den Karzer befindet, einen Meter fünfzig unter Wasser. Die Studenten, die dort eingesperrt waren, konnten gerade noch gerettet werden." Das sei das Ende dieses kleinen Karzers gewesen, in dem auch sehr schlechte hygienische Verhältnisse herrschten. „Der Nachfolgekarzer war dann der, der heute noch so oft besucht und besichtigt wird, er befindet sich im zweiten Stock, da kann kein Hochwasser das Leben der Studenten gefährden."

„Die Karzerstrafe geht zurück bis in die Gründungszeit der Universität."

Fast jeder Student, berichtet die in Heidelberg aufgewachsene Susanne Kahlig, habe eine Weile im Karzer verbracht: „Das war sozusagen Ehrensache." Bei den Vergehen habe es sich allerdings mehr um Kavaliersdelikte als um echte Straftaten gehandelt: „Der Hauptgrund für eine Karzerstrafe war, dass die Studenten dem Alkohol recht zugetan waren oder, wie mein Schwiegervater sagen würde, in einem Zustand erhöhter Lebensfreude durch die Stadt gingen." Typische Studentenstreiche: Stalltüren im damals noch landwirtschaftlich geprägten Heidelberg öffnen und buchstäblich die Sau rauslassen. Oder Laternen ausschießen, die der Nachtwächter gerade angezündet hatte. „Und nackig im Neckar schwimmen gehörte auch zu diesen Kavaliersdelikten", fährt Susanne Kahlig mit ihrer Schilderung fort. „Es heißt: Man hat nicht hier studiert, wenn man nicht drei Tage bis eine Woche im Karzer war." Und so verwundert es auch nicht, dass ein Student namens Paul Reichel am

21.6.1892 sogar in der Zeitung mitteilte, dass er im Karzer sitzt, und eine Anzeige schaltete, in der steht: „Allen meinen Freunden, Bekannten und Gläubigern teile ich mit, dass ich meine Wohnung auf 7 Tage nach dem Carcer verlegt habe."

Als Paul Reichel im Karzer saß, musste er aber zumindest keinen Durst leiden. Werner Moritz schreibt: „Schon die Karzerordnung von 1853 hatte jedem Studenten als tägliche Versorgung einen Schoppen (1/2 Liter) Wein und zwei Flaschen Bier zugestanden." Und auch ansonsten hatte der Karzer zu diesem Zeitpunkt viel von seinen Schrecken verloren: „Bis zur Wende vom 18. zum 19. Jahrhundert waren Karzerstrafen bei den Studiosi sehr gefürchtet. Seitdem (offenbar nach 1822) die neuen Karzerräume auch beheizt wurden und schließlich Betten das Stroh auf blankem Boden ablösten, sollte sich dies relativ rasch ändern."

> „Wer unter Platzangst litt, hatte hier ein echtes Problem."

Nun konnten die Studenten ihre Strafe absitzen, sich dabei das eine oder andere Schlückchen gönnen und am Gesamtkunstwerk aller Studenten weiterarbeiten: dem Graffito an der Karzerwand, an dem sich heute noch so viele Besucher erfreuen und beim Betrachten lang vergangenen Zeiten nachspüren. Froh, dass es heute keine Karzerstrafen mehr gibt, sind sie dabei vermutlich trotz aller Faszination.

Eva-Maria Bast

So geht's zur Karzertür:

Sie befindet sich in der Alten Universität, Augustinergasse 2, im Erdgeschoss neben der Treppe, die zur Aula hinaufführt.

*Menschliches Gesicht und langer Bart, aber der Körper eines Salaman-
ders: Über Jahrhunderte sollte das Tier Feuer vom Gebäude abhalten.*

08

Feuersalamander

Für den Marstall ein Schutz vor Flammen

E r trägt den Kopf eines greisen Mannes mit langem Bart,
doch der Rest seines Körpers sieht eindeutig nach einem
Salamander aus: Die kleine Gestalt ist als Relief neben
dem Durchfahrtstor des ehemaligen Zeughauses angebracht und beobachtet die Passanten zu ihren Füßen. Es sind vor
allem Studenten, die auf dem Weg in die Mensa vorbeikommen, aber
auch Touristen, die hier Richtung Neckar spazieren. Und immer wieder einmal steht Kunsthistorikerin Susanne Späinghaus-Monschau
darunter und deutet auf den eigenartigen Kerl.

„Das ist ein Feuersalamander. Er ist dort oben angebracht, um
apotropäisch Feuer und alles Böse von den Gebäuden abzuhalten",
erklärt sie. Bei derartigen Abwehrzaubern habe man immer das
abgebildet, was gebannt werden sollte. „In diesem Fall hier war es
besonders wichtig, dass kein Brand ausbrach. Denn im kurfürstli-

33

chen Zeughaus wurden Waffen und Munition aufbewahrt, also feuergefährliche Dinge, bei denen es verheerend gewesen wäre, wenn sie mit Funken oder Flammen in Berührung gekommen wären." Der Feuersalamander habe schon immer als hoch magisches Wesen gegolten, von dem man sagte, dass es seine Eier im Feuer ausbrütet und immun gegen Hitze ist. Als Feuerschutz funktionierte der Salamander leider nicht wirklich. Wie der eigentliche Marstallhof, der 1590 unter Johann Casimir als beeindruckender Fachwerkbau entstand, nahm wohl auch der Westflügel Schaden bei den Zerstörungen durch die Franzosen in den Jahren 1689 und 1693. 1829 wurde er dann aufgestockt und verlängert als Erweiterung der Gebäranstalt, die bis 1844 dort untergebracht war.

„Im kurfürstlichen Zeughaus wurden Waffen und Munition aufbewahrt, also feuergefährliche Dinge, bei denen es verheerend gewesen wäre, wenn sie mit Funken oder Flammen in Berührung gekommen wären."

Bei dem Salamander, der heute die Außenfassade schmückt, handelt es sich aber ohnehin nicht mehr um das Original. Das ursprüngliche halbplastische Relief wurde dort vermutlich kurz nach 1510 angebracht, nachdem Kurfürst Ludwig V. (1478-1544) das Zeughaus als ältestes Gebäude des Marstallhofes hatte erbauen lassen. Es war als Lagerhaus für Versorgungsgüter sowie als Lager für Waffen gedacht und musste deshalb besonders geschützt werden – immerhin stand es außerhalb der Stadtmauer am Neckar, der damals noch unmittelbar vor dem Gebäude entlangfloss. „Deshalb sieht der Komplex auch heute noch so trutzig aus mit seinen dicken Mauern und Ecktürmen", weist Susanne Späinghaus-Monschau auf die Besonderheiten hin. Dank der Nähe zum Wasser konnten Schiffe direkt am Gebäude anlegen. Der Kran, der dem Krahnenplatz seinen Namen gab und dessen Standort heute anhand von Pflastersteinen im Boden festgehalten ist, entlud die Ware oder verfrachtete sie auf die Schiffe.

Ursprünglich bildeten vier Gebäude ein Rechteck rund um den Marstallhof. Am Neckarstaden stand wie heute das kurfürstliche Zeughaus, an das entlang der Schiffgasse der Westflügel mit dem

Salamander und entlang der Marstallgasse der Ostflügel anschloss. Auf der Südseite des Geländes war von 1590 bis 1693 der kurfürstliche Marstall zu finden, der dem ganzen Gelände seinen Namen gab.

„An seiner Stelle steht heute das Neue Kollegienhaus, das sich optisch nicht unbedingt harmonisch in den Komplex einfügt, um es vorsichtig auszudrücken", sagt Susanne Späinghaus-Monschau. Seit Mitte des 20. Jahrhunderts nutzt die Universität die Gebäude.

Im Zeughaus sind die Mensa und ein Studentencafé untergebracht, im Ost- und Westflügel hat das Studentenwerk seine Räume und das Neue Kollegienhaus beherbergt neben Instituten und Seminaren der Altertums- und Sprachwissenschaften auch die Abguss-Sammlung des Archäologischen Instituts.

Dass am Westflügel heute überhaupt noch ein Salamander zu sehen ist, verdanken die Heidelberger dem renommierten Heimatforscher Karl Friedrich Ludwig Merz (1908-2003). Fritz Hartmann, der nicht weit entfernt von dem Feuersalamander wohnt, erinnert sich noch genau, wie es dazu kam: „Als 1972 der Westflügel umgebaut wurde, hat man das Innere des Gebäudes komplett entkernt und in kleinere Räume unterteilt. Und auch an der Außenfassade fanden Arbeiten statt, bei denen die Steine ausgebessert wurden. Der Feuersalamander, der damals dort angebracht war, war

Susanne Späinghaus-Monschau führt oft in historischen Kleidern Gäste durch die Stadt. Den Feuersalamander besucht sie dabei gern.

schon stark verwittert und wäre beinahe komplett zerstört worden und damit in Vergessenheit geraten." Ludwig Merz, den Hartmann liebevoll als seinen Ziehvater bezeichnet, bekam Wind von der Sache. „Er kam angelaufen und rief: ‚Seid ihr wahnsinnig geworden? Das ist doch der Schutzpatron des Marstalls'", imitiert Hartmann den aufgebrachten Tonfall des Heimatforschers. Daraufhin sei die Platte neu gestaltet und der heutige Salamander angebracht worden. „Wäre Ludwig Merz damals nicht so hinterher gewesen, hätte Heidelberg seinen Feuersalamander verloren und noch vieles andere mehr", resümiert Hartmann.

„Deshalb sieht der Komplex auch heute noch so trutzig aus mit seinen dicken Mauern und Ecktürmen."

Der Künstler Edzard Hobbing (1909-1974), der in der Stadt mit mehreren Werken vertreten ist, bekam 1974 den Auftrag, nach Fotografien des Originals einen neuen Salamander anzufertigen. Seither schaut das bärtige Tier wieder auf die Passanten herab.

„Ich finde es irgendwie drollig, dass heute im Marstall keine Pferde mehr gefüttert werden, sondern Studenten. Und die Kinder der Universität werden nach wie vor im Westflügel, also der ehemaligen Gebäranstalt, betreut, in dem heute das Studentenwerk untergebracht ist", fasst Susanne Späinghaus-Monschau zusammen. Ob der Feuersalamander dabei weiterhin vor Feuer schützt? Vielleicht eher davor, dass das Studium sich hinzieht, bis den Studierenden ein langer Bart wächst.

Heike Thissen

....

So geht's zum Feuersalamander:

Der Salamander mit Menschengesicht befindet sich vom Krahnenplatz aus gesehen rechts neben der Toreinfahrt zum Marstallhof.

Was aussieht wie ein in Stein gemeißeltes Schneeglöckchen, ist tatsächlich eine Leprosenrussel, mit der Kranke vor sich selbst warnen mussten – auch im Gutleuthof in Schlierbach.

09

Besitzstein

Ein Zeichen, das vor Seuchen warnt

Menschen im 21. Jahrhundert mögen den knöchelhohen Stein, der dicht neben der Gutleuthofkapelle in Schlierbach steht, vielleicht hübsch finden. Ein Relikt aus längst vergangenen Zeiten, das ist ihm deutlich anzusehen, und mit einer Gravur versehen, die an ein Schneeglöckchen erinnert. Doch die Menschen in der frühen Neuzeit im 17. Jahrhundert fanden den kleinen, grob behauenen Stein vermutlich einfach nur abstoßend. Denn was so aussieht wie ein zartes Frühlingsblümelein, ist tatsächlich eine sogenannte Lepraklapper oder Leprosenrassel. Und wo immer diese auftauchte – sei es als Instrument oder auch nur als Zeichen – hielten Gesunde lieber Abstand.

„Die Kapelle gehörte zum Gutleuthof, der eine der frühesten sozialen Einrichtungen in Heidelberg war", erklärt Elizabeth Ehrenfried, Vorsitzende des Verkehrsvereins im benachbarten Zie-

37

gelhausen. „Die *guten Leute*, auf die der Name verweist, waren sogenannte Sondersiechen, also Menschen, die an der Lepra erkrankt waren." Diese durften nach den Vorschriften des Laterankonzils aus dem Jahr 1179, die Papst Alexander III. (ca. 1100-1181) erlassen hatte, nicht mit Gesunden in Städten zusammenleben und mussten sich außerhalb der Siedlung aufhalten – so auch in Heidelberg. Die Leprakranken waren also nicht nur entstellt und dem Tod geweiht, sondern auch noch gesellschaftlich isoliert. Dafür, dass sich ihnen niemand näherte, mussten sie selbst sorgen, indem sie eine Lepraklapper bei sich trugen und mit deren Geräusch vor sich selbst

Elizabeth Ehrenfried steht vor der Tür des kleinen Gotteshauses.

warnten. Im Laterankonzil wurde aber auch festgelegt, dass die so geplagten Menschen eigene Kirchen, Geistliche und Friedhöfe bekommen sollten. Und dafür sorgte Pfalzgraf Ludwig III. (1378-1436) im Jahr 1430.

„Ludwig stiftete die Kapelle für das damals noch relativ neue Gutleuthaus und ließ sie dem Erlöser, dessen Mutter Maria und dem heiligen Laurentius weihen", sagt Elizabeth Ehrenfried. Die Stiftungsurkunde besagt, dass die Kapelle am Neckarufer vor den Mauern Heidelbergs in der Nähe eines Leprosenhauses steht. Der Besitzstein ist Zeichen dafür, dass die Gebäude und das Areal in dessen Besitz waren.

Der Schlierbacher Pastor Karl Günther hat sich für eine Schlierbach-Chronik genauer mit dem Kirchlein und dem Pflegeheim beschäftigt und schreibt über die Ausstattung: „Zum Gutleuthof gehörten Scheuer, Stallung und anderes Zubehör, ‚undten am neckar mit einer mawer eingefasst', etwa 100 Morgen Ackerland, 20 Morgen Wiese und fünf Morgen Wald." Karl Günther beschreibt auch, wie mit einem solchen Kranken umgegangen wurde: „Mit der öffentlichen Verkündigung wurde er gleichsam für tot erklärt. Nach einer kirchlichen Feier, die der Totenmesse nachgestaltet war, wurde der Kranke vor einen Tisch geführt, auf dem die Kleidung für die Aussätzigen und ihre Gerätschaften lagen, ein Stab, eine Bettelschale und eine Klapper, mit der die Kranken die Gesunden warnen mußten." Wie dieses Warninstrument aussah, lässt sich anhand des Besitzsteins gut erahnen: Es bestand aus mehreren Lagen Holz, die an einem Ende fest miteinander verbunden waren, so dass sie klapperten, wenn man sie gegeneinander schlug.

Die Kapelle und der Stein sind die beiden letzten Zeugen des Gutleuthofes in Schlierbach. Nachdem in der Reformationszeit die Zahl der Leprakranken stark zurückgegangen war, zogen andere Leidende ein: Menschen mit Syphilis, aber auch Alte, Arme und kranke Reisende wurden fortan in dieser „Elendsherberge" gepflegt. Zu Beginn des 19. Jahrhunderts veräußerte die Kirche die Ländereien, 1741 war aus dem Haus schon ein Gasthof geworden, der aber am 3. Mai 1880 komplett abbrannte. „Wahrscheinlich würde auch die Kapelle nicht mehr stehen, wenn man nicht 1921 mittelalterliche Wandmalereien entdeckt hätte", vermutet Elizabeth Ehrenfried hinsichtlich des weiteren Schicksals der Kapelle. Denn eigentlich war geplant, sie zugunsten einer Bahnhofserweiterung oder einer neuen Straßenführung abzureißen.

Wie gut, dass das nicht passiert ist! Denn dann wäre zusammen mit der Kapelle mit Sicherheit auch der Besitzstein verschwunden. Nicht, dass er große Beachtung erfahren würde. Aber er erzählt doch eindrucksvoll von einer Zeit, als Todkranke vor sich selbst warnen mussten.

Heike Thissen

....

So geht's zum Besitzstein:

Der Besitzstein mit der Darstellung einer Leprosenrassel steht an der westlichen Außenfassade der Gutleuthof-Kapelle in Schlierbach, Gutleuthofweg 2a.

10

Schwarzblaues Viereck
Das Pulverfass über dem Neckar

849! Was für ein unruhiges Jahr! Im Norden bricht der Deutsch-Dänische Krieg um Schleswig und Holstein wieder aus, in Ungarn tobt die Revolution und in Frankfurt beschließt die Nationalversammlung am 28. März die Paulskirchenverfassung und wählt König Friedrich Wilhelm IV. von Preußen (1795-1861) zum Erbkaiser, doch er lehnt am 28. April ab, weil er die Kaiserkrone nur von „Seinesgleichen" annehmen möchte. Damit ist auch die Zustimmung zur Reichsverfassung gefährdet, die außer Preußen auch die meisten anderen Reichsfürsten ablehnen.

Obwohl Baden ihr zustimmt, nimmt die Revolution dort Fahrt auf. Ihr Ziel: aus dem Großherzogtum Baden eine Republik oder eine konstitutionelle Demokratie zu machen. Zunächst ist sie durchaus erfolgreich. Die am 12. Mai in Offenburg zusammengetretenen Delegierten der Volksvereine verabschieden tags darauf die „Offenburger Beschlüsse", in denen sie unter anderem die Wahl einer Verfassunggebenden Versammlung für Baden fordern. Gleichzeitig kommt es in der Bundesfestung Rastatt und in Karlsruhe zu Soldatenaufständen. All dies führt dazu, dass Großherzog Leopold und in der Folge auch seine Minister fliehen: Baden hat keine Regierung mehr. Der Karlsruher Gemeinderat fordert den Landesausschuss der Volksvereine auf, nach Karlsruhe zu kommen und die Regierung zu übernehmen, dieser überträgt am 1. Juni die Regierungsgewalt an eine provisorische Regierung.

Doch die Gegenrevolution hat sich bereits unter Führung Preußens formiert, preußische Truppen hatten schon im Mai Aufstände von Befürwortern der Reichsverfassung in Breslau und in Dresden niedergeschlagen. Und Großherzog Leopold bat ebenfalls um Truppenhilfe gegen die Revolutionäre. Diese zogen durch das Großherzogtum und erreichten auch Heidelberg. Und mit eben diesem Umstand hat ein kleines gepflastertes, schwarzblaues Viereck zu tun, das heute noch auf der Alten Brücke zu sehen ist. Der Mediziner und Stadtkenner Dr. Dieter Jung kennt die Geschichte, deren Hauptakt auf den 20. und 21. Juni 1849 datiert ist. Da nämlich halten die badischen Revolutionäre die Brücke besetzt. Tags darauf rücken – je nach Quelle – 200 bis 400 preußische Soldaten vor. An der Brücke liefert man sich harte Gefechte, der Augenzeuge Gottfried Keller (1819-1890) berichtet von Schießereien und dass „kanoniert und gepülvert" worden sei. Weiter schreibt er: „Sie schossen in unsere Gassen herein, über 2000 Schritt weit und ein Soldat fiel tot um, nicht weit von mir auf der Brücke [...]. Die Preußen haben halt auch Scharfschützen."

„Das ging ganz einfach. Sie haben ein kleines Pulverfass hineingetan und eine Zündschnur gelegt, die bis zum Brückentor führte."

Und nun kommt die viereckige Pflasterung ins Spiel, die im Grunde ein Loch verschließt oder besser: die Stelle markiert, an der sich das Loch einst befunden hat. Das nämlich haben die revolutionären Truppen in die Brücke eingelassen, um die anrückenden Preußen daran zu hindern, in die Stadt zu gelangen. „Das ging ganz einfach", sagt Jung. „Sie haben ein kleines Pulverfass hineingetan und eine Zündschnur gelegt, die bis zum Brückentor führte." Im Notfall hätte die Ladung in die Luft gejagt und die Brücke gesprengt werden können. Derweil hatten die Heidelberger große Angst. Heimatforscher Ludwig Merz (1908-2003) schreibt über die denkwürdigen Tage: „Der Kampf gegen die feindliche Übermacht erschien vielen Bürgern aussichtslos und manche hatten die Hoffnung, die preußischen Soldaten würden bald einrücken." Doch es ging nochmal gut – zumindest wurde die Brücke damals nicht gesprengt und auch die Stadt wurde verschont, nachdem die Revolutionäre am 21. Juni bei Waghäusel eine schwere Niederlage hatten einstecken müssen und schließlich auch aus Heidelberg abzogen. Die Preußen allerdings kamen: Sie rückten am 23. Juni ein und blieben zwei Jahre lang.

96 Jahre später, am 29. März 1945, wurde die Brücke doch noch gesprengt, als die Deutschen gegen Ende des Zweiten Weltkriegs den näherrückenden Amerikanern den Weg abschneiden wollten.

Die „Sollbruchstelle aus den Revolutionsjahren", wie Dieter Jung es nennt, wurde dafür aber nicht verwendet. „Die Wehrmacht hat die Brücke weiter unten gesprengt. Und deswegen ist die Stelle, an der sich einst das Pulverfass befunden hat, noch erhalten", erklärt er.

Doch es gibt keinen Grund zur Beunruhigung: Das Fässchen wurde längst entsorgt. Einer Legende nach haben mutige Bürger die Sprengung der Brücke im Juni 1849 verhindert, indem sie sich das Pulverfässchen kurzerhand schnappten und es in den Neckar schmissen. Da der Feuerspritzenspezialist Carl Metz (1818-1877) später aber eine Urkunde für die Entschärfung des Sprengsatzes bekam, ist der Wahrheitsgehalt der Legende wohl eher gering. Fakt ist jedoch: Die Sprengladung ist entschärft. In Heidelberg muss also keiner auf einem Pulverfass sitzen – geschweige denn auf einem solchen spazieren gehen.

Das dunkle gepflasterte Rechteck auf der Alten Brücke birgt ein Geheimnis.

Eva-Maria Bast

....

So geht's zum schwarzblauen Viereck:

Es befindet sich auf der Alten Brücke auf Höhe der Statue für Kurfürst Carl Theodor.

43

Initialen

In Heidelberg war er beliebt

„H ier", sagt Gästeführerin Isabel Ritter-Göhringer, „läuft jeder, aber wirklich jeder dran – oder besser drunter – vorbei." Kein Wunder: Wer ins Rathaus will, hat meistens zu tun, entweder muss er arbeiten oder irgendwelche Behördengänge erledigen. Da kann man die goldenen Initialen am Balkon, bekrönt von einem Kurfürstenhut, schon mal übersehen. Und wenn man dann noch im Sommer unterwegs ist, hat man ohnehin kaum eine Chance, sie auszumachen, denn in dieser Jahreszeit ist der Balkon mit Blumen geschmückt, die am Gitter entlangranken und die Initialen verbergen. „Doch selbst wenn man sie entdecken würde, könnte man sich wohl kaum einen Reim auf sie machen", sagt Isabel Ritter-Göhringer. „Wer würde schon darüber nachdenken, was ein *C* und ein *T* am Balkon des Rathauses zu suchen haben?"

Die Gästeführerin hingegen weiß es ganz genau: „Das sind die Initialen unseres letzten Kurfürsten, Carl Theodor", erklärt sie. Und deshalb haben die Initialen am Balkon durchaus eine Bedeutung: „Mit Carl Theodor ging die kurfürstliche Zeit für Heidelberg zu Ende." Carl Theodor (1724-1799) galt nicht nur als intellektuell und tolerant, sondern auch als Förderer der Kunst und der Wissenschaft. Er war Pfalzgraf und Kurfürst von der Pfalz und residierte in Mannheim, das er zu großer wirtschaftlicher und kultureller Blüte führte. „In Mannheim, Heidelberg und der gesamten Kurpfalz war er sehr beliebt", schildert Ritter-Göhringer den Anklang, den er in heimischen Gefilden fand.

Die Liste seiner Verdienste ist lang: Er sorgte dafür, dass die Universität allen christlichen Konfessionen offenstehen soll, und als am 16. November 1773 die Aufhebung des Jesuitenordens in Heidelberg verkündet wurde, gestattete er ehemaligen Jesuiten, weiterhin in der Pfalz zu bleiben. Carl Theodor schaffte die Folter ab, gründete die kurpfälzische „Deutsche Gesellschaft zur Förde-

Die Initialen am Rathausbalkon stehen für einen beliebten Kurfürsten.

rung der deutschen Sprache", der unter anderem auch die Dichter Wieland, Klopstock, Lessing und Schiller angehörten, und auch für die Wirtschaft machte er sich stark: „Er ließ zum Beispiel Maulbeerbäume pflanzen und trug so zur Förderung der Seidenraupenzucht bei", erzählt die Heidelbergerin. 1777 erließ er das Privilegium der *Maulbeer-Plantagen-Gesellschaft und damit verbundenen Seiden-Zucht- und Seiden-Strümpf-Fabricke.* Auch das be-rühmte große, 221.726 Liter fassende Fass im Heidelberger Schloss geht auf ihn zurück: Er hatte den Bau veranlasst. Carl Theodor machte sich für seine geliebte Kurpfalz stark, man kann wohl mit Fug und Recht behaupten, dass er ihr nicht nur zur Blüte verhalf, sondern selbst regelrecht blühte inmitten seiner Heimat, die *er* liebte, und inmitten von Untertanen, die *ihn* liebten. Doch dann ereignete sich etwas, das sein Leben und auch das der Kurpfälzer und nicht zuletzt der Münchner dramatisch ändern sollte: Als 1777 mit Maximilian III. Joseph (1727-1777) der letzte bayerische Wittelsbacher starb, fiel Bayern, einem wittelsbachischen Hausvertrag gemäß, an Carl Theodor. Und er musste, so sah es der Vertrag vor, fortan in München residieren – will heißen: seine geliebte Kurpfalz verlassen.

An dieser geheimnisvollen Tür gehen viele achtlos vorbei.

Carl Theodor war nun Herrscher über die Kurpfalz, Pfalz-Sulzbach, Pfalz-Neuburg, die niederrheinischen Herzogtümer Berg und Jülich, über die Markgrafschaft Bergen op Zoom in den Niederlanden – und Kurfürst von Bayern. Doch in der bayerischen Landeshauptstadt München war er äußerst unbeliebt, denn er lebte, so könnte man sagen, mitten in der Stadt in einem Exil, umgab sich mit den Menschen aus der Pfalz, die ihm gefolgt waren, hatte wenig Kontakt zu den Münchnern und zeigte wenig Interesse an ihnen. Er war Kurpfälzer durch und durch, dort war seine Heimat, dort war sein Volk, das er liebte und dem er sich verbunden fühlte. Vielleicht fehlte ihm auch einfach die Gelegenheit, sich auf seine neuen Untertanen einzulassen, denn schon kurz nach seinem Regierungsantritt war er in außenpolitischer Hinsicht sehr gefordert: Österreich beanspruchte die Oberpfalz und Niederbayern.

Carl Theodor erklärte sich bereit, diese Gebiete abzutreten und dafür Territorien in Vorderösterreich einzutauschen. Das Königreich Preußen war damit aber ganz und gar nicht einverstanden. Es „sah in diesem Vorgang eine unzulässige

„Er ließ zum Beispiel Maulbeerbäume pflanzen und trug so zur Förderung der Seidenraupenzucht bei.“

Verschiebung der Kräfteverhältnisse im Reich zugunsten des Hauses Österreich und intervenierte militärisch", schreibt Jörg Engelbrecht in einem Aufsatz. „Im Frieden von Teschen (1779) wurde diese Abmachung schließlich für nichtig erklärt."

Damit war jedoch noch längst keine Ruhe eingekehrt: Nun wollte Carl Theodor Bayern gegen die österreichischen Niederlande tauschen. Bei Engelbrecht ist nachzulesen, dass das „grosso modo das Staatsgebiet des heutigen Belgien" gewesen sei. Als Fernziel, so Engelbrecht, habe Carl Theodor die Schaffung eines eigenen Königreichs Burgund vorgeschwebt.

Der Plan sorgte bei den bayerischen Untertanen gleichermaßen für Empörung, wie er in Preußen zu Widerstand führte. Carl Theodor musste schließlich aufgeben. Und auch künftig strengte er sich nicht sonderlich an, um die Herzen der Münchner zurückzugewinnen: 1784 verbot er zahlreiche Vereinigungen, 1785 untermauerte er das Verbot mit einem Edikt, mit dem er vor allem dem Geheimorden der Illuminaten und den Freimaurern, die er als „landesverräterisch" und „religionsfeindlich" bezeichnete, den Kampf ansagte. 1788 stritt er derart heftig mit dem Münchner Magistrat, dass er seine Residenz wieder nach Mannheim verlegte und damit wieder in die Nähe Heidelbergs und in seine geliebte Kurpfalz kam. Zwar kehrte er ein Jahr später zurück, doch keineswegs in der Absicht, künftig gut Freund mit den Münchnern zu sein. 1791 zwang er den Rat, ihm in der Maxburg vor einem Bildnis seiner selbst Abbitte zu leisten. Auch privat hatte er kein glückliches Händchen: Die Ehe mit Elisabeth Auguste von Pfalz-Sulzbach (1721-1794) war ohne Nachkommen geblieben- das einzige Kind wurde nur einen Tag alt. Der Kurfürst hatte zwar etliche Kinder aus den Beziehungen mit seinen Mätressen, aber keinen Thronfolger.

"Kein Jahr nach dem Tod seiner ersten Frau heiratete er deshalb Erzherzogin Maria Leopoldine von Österreich-Este", erzählt Isabel Ritter-Göhringer. Doch dieser selbstbewussten jungen Frau, die gerade einmal 18 Jahre alt war, passte die Ehe mit dem inzwischen Siebzigjährigen so gar nicht. Sie blamierte ihren Ehemann, wo sie nur konnte, terrorisierte den Hof und hatte öffentlich zahllose Affären. Die wirkungsvollste Methode der Rache aber war, sich jeglichen körperlichen Kontakt mit ihrem Gatten zu verbitten. Was logischerweise zur Folge hatte, dass der Zweck der Heirat, einen Thronfolger zu zeugen, nicht erfüllt wurde. Als Carl Theodor 1799 starb, hatte er keinen legitimen Nachkommen. Bayern kam an die Wittelsbacher Linie Pfalz-Zweibrücken.

> *"Mit Carl Theodor ging die kurfürstliche Zeit für Heidelberg zu Ende."*

Er schied also einsam aus dem Leben und das in einer Umgebung, die ihn ablehnte, fernab von seiner geliebten Kurpfalz. Immerhin: Inmitten der Kurpfalz erinnern am Balkon des Heidelberger Rathauses seit 1751 seine Initialen an ihn und sein Wirken.

Eva-Maria Bast

....

So geht's zu den Initialen:

Sie befinden sich am Balkon über dem Eingang zum Rathaus. Dieses steht am Marktplatz.

Fritz Hartmann deutet auf eigenartige Flecken in der Fassade der Stadthalle. Es sind geflickte Einschlaglöcher von Bombensplittern.

12

Einschlaglöcher

Nach dem Angriff notdürftig geflickt

Die Stadthalle am Neckarufer ist ein wunderschönes, auf den ersten Blick makelloses Gebäude. Vor allem im Sommer hebt sich bei strahlendem Sonnenschein der rote Sandstein in vielen verschiedenen Farbnuancen vom blauen Himmel ab. Doch von der Unteren Neckarstraße aus betrachtet sind helle und dunkle Flecken auf mehreren Steinquadern zu entdecken. „Hier wurde das Gebäude geflickt", sagt Fritz Hartmann und fährt mit seiner Hand über einen der ganz unterschiedlich geformten Sprenkel. „Das sind alles kleine Einschlaglöcher, die die Splitter einer Fliegerbombe verursacht haben", fügt er hinzu.

Die Flecken sind die Narben, die das Gebäude nach einem Fliegerangriff in der Nacht vom 29. auf den 30. Juli 1940 zurückbehalten hat. „Dieser erste Fliegerangriff auf die Stadt sollte die Stadthalle eigentlich treffen, aber die Bombe verfehlte das Haus", sagt Fritz

Hartmann. Das Gebäude musste zwar anschließend repariert werden, doch hielten sich die Schäden offenbar im Rahmen. Am 31. Juli schrieb ein Mitarbeiter des Kommunalamtes an den städtischen Oberrechtsrat Josef Amberger: „An der Ostseite sind sämtliche Fensterscheiben durch den Luftdruck und die Splitterwirkung zerbrochen. Auch die Fensterrahmen sind teilweise beschädigt worden." Er erwähnt auch die Einschlaglöcher in der Außenwand Richtung Untere Neckarstraße: „Durch die Splitterwirkung wurde die Hausteinfassade an mehreren Stellen leicht beschädigt. [...] Im Innern des Gebäudes sind nur geringfügige Beschädigungen festgestellt worden. Mit den Instandsetzungsarbeiten wurde bereits begonnen", schließt der Bericht. Die Spuren davon sind der Stadthalle noch heute anzusehen.

„Dieser erste Fliegerangriff auf die Stadt sollte die Stadthalle eigentlich treffen, aber die Bombe verfehlte das Haus."

„Die Stadthalle ist ein fester Bestandteil der Altstadt, ohne sie würde hier etwas fehlen", sagt Fritz Hartmann. Die Einschlaglöcher sind ein Hinweis darauf, dass Heidelberg im Zweiten Weltkrieg von den Alliierten nicht komplett verschont wurde, wie oft zu hören ist. Dass die Stadt aber doch recht glimpflich davonkam, sei der fehlenden militärischen Bedeutung zu verdanken gewesen – und der Sympathie der Amerikaner für die Neckarstadt, die diese schon zu Kriegszeiten als späteres Hauptquartier auserkoren hätten, heißt es. Und trotzdem mussten auch die Menschen in Heidelberg durchaus mit Luftangriffen rechnen, wie der Bombenabwurf im Juli 1940 zeigt. In demselben Jahr folgten noch einige weitere, teilweise kamen dabei auch Menschen ums Leben. Flugalarm war ab Februar 1945 auch in den Straßen Heidelbergs regelmäßig zu hören und die anschließenden Angriff blieben nicht aus.

Tatsächlich war es wohl so etwas wie eine glückliche Fügung, die Heidelberg vor der Zerstörung bewahrte. Wie es dazu kam, hat der Walldorfer Militärexperte Karl Heinz Kleine im Rahmen der Serie *Meine Stadt 1945* der *Rhein-Neckar-Zeitung* erklärt: Demnach gibt es einen Kampfauftrag vom 1. März 1945, der die anstehende Bombardierung des Bruchsaler Verschiebebahnhofs vorsieht. Für den Fall, dass dies nicht möglich sei, sollten als Ersatzziel Heidelberg oder Donaueschingen angeflogen werden. Das Dokument mit der Nummer 327 befiehlt der 303. Amerikanischen Bombergruppe, dass Bruchsal mit 39 Kampfbombern angegriffen und mit Vernichtungsmaterial verschiedenster Art beschossen werden sollte. „In dem bis ins kleinste Detail ausgearbeiteten Tagesbefehl ist auch vermerkt, dass im Fall schlechter Sichtbedingungen die Städte Heidelberg oder Donaueschingen als Ersatzziel anzufliegen und zu bombardieren seien", schreibt Autor Robert Brenner. Acht Stunden und 27 Minuten hätte der Kampfauftrag dauern sollen, der an die viermotorigen Kampfbomber und ihre 92 begleitenden Mustang-Jäger erging, die von England aus Kurs auf Bruchsal nahmen.

Karl Heinz Kleine hat recherchiert, dass das Wetter an jenem 1. März eigentlich eher ungeeignet für einen Angriff auf die Stadt nordöstlich von Karlsruhe war. Die Wolkendecke hing zu tief, als dass ein gezieltes Abwerfen der Munition möglich gewesen wäre. „Als der Führungsbomber Bruchsal schließlich erreichte, war es vollkommen bewölkt, doch plötzlich öffnete sich im Norden die Wolkendecke für etwa 15 Sekunden. Ein Zeitraum, der letztendlich ausreichte, um Bruchsal in Schutt und Asche zu legen – rund 1000 Menschen wurden unter den Trümmern begraben", hat der Militärexperte der *Rhein-Neckar-Zeitung* berichtet. Die Katastrophe für Bruchsal, bei der 90 Prozent der Innenstadt zerstört wurden, bedeutete Glück für Heidelberg. Verglichen damit sind die noch heute sichtbaren Narben an der Stadthalle tatsächlich ein kleines Übel.

Heike Thissen

....

So geht's zu den Einschlaglöchern:

Die geflickten Einschlaglöcher der Fliegerbombensplitter in der Außenfassade der Stadthalle sind besonders gut in der Unteren Neckarstraße zu sehen, und zwar rechts neben dem Seiteneingang.

An Heidelbergs Himmel steht immer ein Komet.

13

Komet

Viel Lärm um (fast) nichts

Der Erwerb von Wissen in der Universitätsbibliothek Heidelberg steht im wahrsten Sinne des Wortes unter einem guten – wenn auch einst sehr gefürchteten – Stern. Genauer: unter einem guten – wenn auch einst sehr gefürchteten – Kometen. Ganz oben auf dem Schmuckgiebel des prachtvollen Gebäudes schwebt nämlich wie ein Siegeszeichen ein Komet aus Eisen. Und hinter diesem dinglichen Symbol steckt eine ausgesprochen aufregende Geschichte, die der Heidelberger Mediziner und Stadtkenner Dr. Dieter Jung ausführlich recherchiert hat.

„Hier in Heidelberg hat ein ganz berühmter Sternenforscher gewirkt, Max Wolf", erzählt er. Max, der mit vollem Namen Maximilian Franz Joseph Cornelius Wolf hieß und von 1863 bis 1932 lebte, hatte in Heidelberg studiert und wurde hier auch promoviert. Seit 1896 hatte er einen Lehrstuhl für Astronomie inne, auf dem

Königstuhl führte er eine große Sternwarte und: Er entdeckte die Himmelsfotografie. „Er hat unzählige Aufnahmen hintereinander gemacht und die Platten dann übereinandergelegt. Dadurch konnte er ganz kleine Sternbewegungen, die man mit dem Auge nie hätte sehen können, zum ersten Mal erkennen", schildert Jung Wolfs Vorgehensweise.

Im September 1909 bemerkte Max Wolf, der im Übrigen 228 Kleinplaneten entdeckt hat, durch seine Himmelsfotografie, dass der berühmte „Halley'sche Komet" bald wiederkehren würde. Erwartet hatte man den Kometen schon lange: Der britische Astronom Edmond Halley (1656-1742) hatte Anfang des 18. Jahrhunderts vorhergesagt, dass der Komet alle 75 Jahre in Erscheinung treten würde. Nach Halleys Tod erschien er am 13. März 1759 tatsächlich und wurde nach ihm benannt. Die folgende Wiederkehr ereignete sich, wie berechnet, am 16. November 1835.

Unablässig fotografierte Wolf den Himmel und kam am 11. September 1909 beim Sichten seiner Fotoplatten zu dem Schluss, dass der Komet ab März 1910 kommen werde. In sein Tagebuch schrieb er: „Komet Halley früh gefunden und nach Kiel gemeldet [...] große Aufregung gewesen." Wolf fotografierte und fotografierte, rechnete, grübelte. Dass der Komet ab März erscheinen würde, stand für ihn außer Frage. Nun interessierte ihn noch seine Entfernung zur Erde. Und dann war er sich sicher: Am 20.

> *„Er hat unzählige Aufnahmen hintereinander gemacht und die Platten dann übereinandergelegt. Dadurch konnte er ganz kleine Sternbewegungen, die man mit dem Auge nie hätte sehen können, zum ersten Mal erkennen."*

Mai, so seine Berechnungen, würde der Schweif des Halley-Kometen die Erde streifen. Sicher? Wolf rechnete wieder und wieder, doch die Ergebnisse blieben die gleichen. Also verkündete er: „Um 4 Uhr 24 am 20. Mai 1910 wird die Erde den Schweif des Kometen durchqueren. Er ist durch die Störungsaktionen von Jupiter und Saturn von seiner Bahn abgelenkt worden."

Die Aufregung war groß. Überall wurden Sternwarten gerüstet, Fernrohre angeschafft. Und der Aufregung folgte die Panik. Die

Erdachse könnte sich verschieben, die Meere das Land verschlingen, die Erde womöglich ganz verschwinden, so die Befürchtung. Der britische Physiker und Astronom William Huggins (1824-1910) entdeckte obendrein, dass sich im Schweif von Kometen Kohlenstoff-Stickstoff-Moleküle befinden. Was, fragte sich die erschrockene Welt, würde passieren, wenn der giftige Schweif die Erde streift? Und die Wissenschaft tat nicht viel, um zu beruhigen. Die Menschen könnten ersticken oder vergiftet werden, so die Warnungen. Der französischen Astronom Camille Flammarion (1842-1925) vermutete, dass „das Cyangas die Atmosphäre durchtränken und möglicherweise alles Leben auf dem Planeten auslöschen würde". Durch die Presse gegangen war in den Jahren zuvor ohnehin die Entwicklung von chemischen Kampfstoffen, die Menschheit hatte Angst vor Giftgas.

Die Sache schaukelte sich immer weiter hoch. In Amerika versuchte ein Mann vier Mal, sich das Leben zu nehmen, um dem Weltuntergang zu entgehen. Erst wollte er sich erschießen, dann entschied er sich für den Sprung vom Dach, als er sich dabei nur verletzte, nicht aber starb, attackierte er sich mit einem Messer, und als auch das nicht fruchtete, sprang er in einen Brunnen – was er ebenfalls überlebte, ebenso wie den Weltuntergang, der gar nicht stattfand.

Dr. Dieter Jung hat den Kometen hoch auf dem Dach der Universitätsbibliothek entdeckt und seine Geschichte recherchiert.

„Ihren Höhepunkt erreichte die Halley-Manie zwischen dem 14. und dem 22. Mai, als der Komet am nächsten und damit hellsten war", heißt es dazu in Zeit online. Doch die Erde drehte sich weiter, allenfalls die Scheidungsquote wurde erhöht: Wie das Nachrichtenmagazin Spiegel berichtet, war in einem Dorf nahe des amerikanischen Buffalo für das Ereignis ein Fernrohr angeschafft worden, durch das die Beobachter zwar keinen Kometen, wohl aber ein Liebespaar beim Geschlechtsakt beobachten konnten. Die örtliche Zeitung schrieb, man habe sich entschlossen, „die Suche nach dem himmlischen Objekt aufzugeben und nach irdischen Körpern Ausschau zu halten. Zum Vergnügen aller konnten noch sechs weitere Szenen dieser Art mit dem Fernrohr entdeckt werden". Das Blatt vermutete, man könne Ehescheidungsprozesse nun wohl nicht mehr ausschließen.

Und in Heidelberg? Wie es um die Scheidungsquote nach dem Ereignis bestellt war, weiß Dieter Jung nicht. Aber er weiß, dass sich manch ein Bürger am Bett festband. Nicht um sich selbst am Fremdgehen zu hindern, sondern um nicht von dem Kometen angesaugt zu werden. „Da hat einer an die Zeitung geschrieben und gemeint, wenn der Komet noch näher käme, werde seine Anziehungskraft größer als die der Erde", berichtet er schmunzelnd. „Daraufhin haben sich die Leute nachts eine dicke Kette über den Bauch gelegt, damit sie von der Kraft des Kometen nicht angesaugt werden."

Auch das ging gut. Kein Heidelberger wurde vom Kometen aus dem Bett gesaugt. Aber stolz war man schon darauf, dass hier der Mann gewirkt hatte, der das Erscheinen des Kometen vorausgesagt hatte. Das gedachte man der Welt mit der Anbringung des Kometen auf dem Dach kundzutun. Und das Lernen der Studenten unter einen guten Kometen zu stellen. Denn als gut erwies er sich ja letztendlich. Und vielleicht signalisiert der Komet auf der Spitze des Giebels auch das: Die Wissenschaft soll akribisch arbeiten. Bevor er seine Erkenntnisse in die Öffentlichkeit trägt, sollte der Akademiker gut überlegen. Sonst passieren vielleicht ganz merkwürdige Dinge.

Eva-Maria Bast

....

So geht's zum Kometen:

Er befindet sich ganz oben auf dem Giebel der Universitätsbibliothek. Diese steht an der Plöck.

Sie wäscht und wäscht den ganzen Tag: Der Wäscherinnen-Brunnen erinnert an eine jahrhundertealte Tradition in Ziegelhausen.

14

Wäscherinnen-Brunnen

Fleißige Waschfrau

E s gibt ein deutsches Kinderlied, das mit Sicherheit auch in Ziegelhausen in vielen Familien gesungen wird: *Zeigt her eure Füße, zeigt her eure Schuh / und sehet den fleißigen Waschfrauen zu,* heißt es dort, und weiter: *Sie waschen, sie waschen, sie waschen den ganzen Tag.* In Zeiten von leistungsstarken Waschmaschinen scheint es von vergangenen Epochen zu erzählen. Tatsächlich war noch bis vor 100 Jahren die im Lied besungene Arbeit in dem ehemaligen Neckartaldorf der Alltag vieler Mädchen, Frauen und ganzer Familien. Davon kündet heute nur noch ein Brunnen neben dem Büro des Verkehrsvereins Ziegelhausen.

Dort sitzt eine fleißige Wäscherin mit einem Waschbrett auf dem Schoß und einem Stück Stoff in der Hand und geht unermüdlich ihrer mühsamen und zeitraubenden Arbeit nach. Elizabeth Ehrenfried, die als Vorsitzende des Vereins oft im Gebäude nebenan zu tun hat, schaut gern bei ihr vorbei. „Diese Figur aus Stein erinnert an die Zeit, als Ziegelhausen wegen seines sauberen Wassers als Wäscherinnendorf berühmt war. Sie setzt den Frauen von damals ein Denkmal", sagt sie.

Die Wäscherin zeugt von einem Stück Ziegelhauser Sozialgeschichte, das sowohl das Leben in unzähligen Familien als auch das des gesamten Ortes mitgeprägt hat. Es war Ernst Hug, langjähriger Archivar des Stadtteilvereins, der die Idee hatte, mit einem Brunnen an jene Jahrzehnte zu erinnern. „Steinmetzmeister Albert Bland schuf die Figur der Wäscherin. Als Modell diente ihm eine Ziegelhauserin, von der es ein Foto am Waschzuber gibt", klärt Elizabeth Ehrenfried über die emsige Waschfrau auf und fährt fort: „Ziegelhausen war bis Mitte des 19. Jahrhunderts eine arme Gemeinde." Es fehlte das Gelände für eine ertragreiche Landwirtschaft, und wer ein Haus oder einen Acker besaß, galt bereits als wohlhabend. Erst die fleißigen Waschfrauen aus dem Kinderlied brachten die Wende.

Dass sie ausgerechnet am Ufer des Neckars so gut ihrer Arbeit nachgehen konnten, lag nicht an dem Wasser des Flusses, sondern an dem eines eigentlich eher unscheinbaren Baches. „Das Wasser des Steinbachs ist weich wie Seide und enthält nur einen einzigen Härtegrad. Normales Wasser hat 25 bis 50 Härtegrade", schrieb der Ziegelhauser Heimatforscher Reinhard Hoppe in einem Beitrag über das Gewerbe.

„Diese Figur aus Stein erinnert an die Zeit, als Ziegelhausen wegen seines sauberen Wassers als Wäscherinnendorf berühmt war."

Das Waschen, Bleichen und Trocknen folgte einem strengen Plan. Wie es am Waschtag in seinem Heimatdorf zuging, beschreibt Hoppe anschaulich: „Da ist Hochbetrieb in allen Waschküchen, aus allen Türen strömt der Dampf. Das Steinbachwasser ist von der abfließenden Seifenlauge, der ‚Wäschbrüh', milchig weiß gefärbt, und an allen Enden riecht es schon von weitem nach Seife." Frauen und Mädchen standen in mächtigen Holzschuhen und mit derben Schürzen im Dampf und bürsteten die schmutzigen Stellen auf dem Waschbrett, während die Männer sich um das Feuer kümmerten oder das Wasser erneuerten. Ganze Familien waren so am Waschtag eingespannt.

Während 1882 nur 208 Menschen in immerhin 72 Ziegelhauser Wäschereien arbeiteten, waren es 13 Jahre später bereits 362 Arbeiterinnen in 122 Betrieben. Den Höhepunkt erreichte das Gewerbe kurz vor dem Zweiten Weltkrieg. Für 1939 sind 1.200 Personen und 230 Wäschereien überliefert. Damit wusch ein Viertel der damaligen Bevölkerung Ziegelhausens Wäsche. Und nicht nur das: Zu den Aufgaben gehörte es auch, die Wäsche anschließend nach Heidelberg und Mannheim zu liefern, wo die Auftraggeber wohnten. „Auf alten Fotos ist zu sehen, wie die Frauen die Wäschebündel auf ihren Köpfen Richtung Heidelberg transportierten", erklärt Elizabeth Ehrenfried.

„Auf alten Fotos ist zu sehen, wie die Frauen die Wäschebündel auf ihren Köpfen Richtung Heidelberg transportierten."

Diese Zeiten sind vorbei, Waschmaschinen, Trockner und eine ganze Reinigungsindustrie haben längst die Wäscherinnen abgelöst. Doch eines ist den Ziegelhausern geblieben: der Scherzname „Bleelumpe". Der hängt damit zusammen, dass die Wäsche nach der Reinigung „gebleut" wurde, wobei Leinensäckchen mit Ultramarin-Wäschekugeln in die Wäsche gehängt wurden. Damit erzielten die Wäscherinnen ein besonders intensives Weiß.

Heike Thissen

So geht's zum Wäscherinnen-Brunnen:

Die nimmermüde Wäscherin sitzt neben dem Büro des Verkehrsvereins in Ziegelhausen, Peterstaler Straße 1.

Pfarrer Dr. Vincenzo Petracca kniet zwischen den Grundrisslinien der Vorgängerkirche.

15

Grundriss

Erinnerung an den Vorgängerbau

„Ich werde immer wieder von Kirchenbesuchern gefragt, was es damit auf sich hat", sagt Pfarrer Dr. Vincenzo Petracca und deutet auf die Linien, die sich durch den ganzen Chorbereich der Heiliggeistkirche ziehen. „Das ist der Grundriss der ersten Vorgängerkirche, die man hier mit den Linien im Boden angedeutet hat", lüftet der Stadtpfarrer das Geheimnis. „Hier stand schon Anfang des 13. Jahrhunderts eine romanische Kapelle, die dem Heiligen Geist geweiht war. Sie ist vermutlich Anfang des 14. Jahrhunderts abgebrannt." Bei dieser ersten kleinen, romanischen Kirche handelte es sich aber noch nicht um das berühmte Bauwerk, in dem die Universität Heidelberg gegründet wurde. „Das war der Nachfolgebau", erklärt der Geistliche, „eine Kirche, in der am 18. Oktober 1386 die Universitätsgründung stattfand."

Zwölf Jahre später, also 1398, ließ Ruprecht III. (1352-1410), Pfalz-graf und Kurfürst von der Pfalz, den Chor der Kirche abreißen und in größeren Ausmaßen und klarer, einfacher Formensprache neu errichten. Vermutlich war ihm das kleine Kirchlein zu bescheiden gewesen, schließlich diente es als Stiftskirche und als Grablege der Pfälzer Kurfürsten. Und das wurde umso wichtiger, als Kurfürst Ruprecht III. im Jahr 1400 zum römisch-deutschen König gewählt wurde. An den neuen hohen, hellen Hallenchor auch ein neues, höheres Langhaus anzubauen, war eigentlich nicht vorgesehen gewesen. Doch sein Sohn und Nachfolger als Kurfürst der Pfalz, Ludwig III. (1378-1436), veranlasste den Neubau, der, um 1441 begonnen, gegen Mitte des 15. Jahrhunderts fertiggestellt wurde.

Das Langhaus hatte nun die gleiche Höhe wie der Chor und bot auf seinen Emporen Platz für die berühmte Bibliotheca Palatina, die allerdings im Rahmen des Dreißigjährigen Kriegs (1614-1648) als Kriegsbeute nach Rom verschleppt wurde, wo sie sich heute in gro-ßen Teilen noch befindet. „Die deutschen Handschriften wurden aber wieder zurückgegeben und befinden sich seit 1816 aufgrund der Vereinbarungen des Wiener Kongresses im Besitz der Univer-sitätsbibliothek Heidelberg", erzählt Vincenzo Petracca.

Was die Kurfürsten wohl dazu gesagt hätten, dass Chor und Langhaus später durch eine Scheidewand getrennt waren, die, um die gemeinsame Nutzung des Gotteshauses durch verschiedene Konfessionen zu ermöglichen, nach 1705 mehrfach aufgebaut und – letztmals 1936 – wieder beseitigt wurde (siehe Geheimnis 34)? Begeistert wären sie sicher nicht gewesen, denn der repräsentativen Wirkung des Gotteshauses, die den Kurfürsten so wichtig war, tat die Mauer, das muss man so deutlich sagen, gehörig Abbruch.

Eva-Maria Bast

So geht's zum Grundriss:

Er befindet sich in der Heiliggeistkirche im Bereich des Chors und ist im Boden deutlich zu sehen.

Ein Steinmetzzeichen am Torturm des Heidelberger Schlosses.

16

Steinmetzzeichen
Das Geheimnis des Meisters

E s ist klein, es sieht merkwürdig aus und es befindet sich am Torturm von Schloss Heidelberg: ein winziges Zeichen, in den Stein geritzt. So klein es ist – es ist nicht allein. Man findet diese Zeichen, in verschiedenen Variationen, über den ganzen Bau verteilt. Früher waren sie für diejenigen wichtig, die die Steine behauen hatten – denn ohne diese Zeichen gab's keinen Lohn. Und heute sind sie von großer Bedeutung für die Erforschung der Baugeschichte. Das waren individuelle Signaturen der Arbeiter, die die Steine für den Bau einer Kirche oder die Errichtung eines Schlosses von Hand behauen haben. Wenn die Steine fertig waren, stapelte der Steinmetz die Quader, die er behauen hatte, und meißelte in die obere Reihe sein Steinmetzzeichen ein. So sah der Meister am Zahltag genau, welcher Stapel zu welchem Steinmetz gehörte, wie viele Steine er behauen hatte, und ihn nach Stück bezahlen.

Jeder Lehrling einer Bauhütte bekam nach seiner fünfjährigen Ausbildung ein solches Steinmetzzeichen, das er wohl selbst entwerfen durfte und das im Laufe seines Berufslebens nicht mehr geändert werden konnte. Manche Quellen sagen, dass sich die Steinmetzzeichen einer Bauhütte allesamt ähnelten und voneinander abgeleitet wurden. Dadurch habe man erkennen können, wo ein Steinmetz – die Angehörigen dieses Berufsstandes gingen viel auf Wanderschaft – gelernt hatte. „Bei schweren Verstößen gegen die Bruderschaft" habe das Steinmetzzeichen aufgehoben werden können, schreibt Alfred Schottner in einer Abhandlung über die mittelalterlichen Dombauhütten. Darin erklärt er auch: „Das Zeitalter der etwa von 1250-1500 andauernden ‚himmelsstürmenden Gotik' war zugleich die hohe Zeit der Steinmetzzeichen. An den aus jener Epoche noch vorhandenen Bauwerken sind sie zu Hunderten abzulesen, wobei die Stabform mit Abzweigen bzw. Ästen vorherrscht."

„Das Zeitalter der etwa von 1250-1500 andauernden ‚himmelsstürmenden Gotik' war zugleich die hohe Zeit der Steinmetzzeichen."

Und auch das passt zu dem Zeichen am Schloss: „Sie sind keilförmig eingeschlagen und an den Enden prismatisch abgeschlossen", schreibt Schottner. Übrigens: Wurde ein Steinmetz zum Meister, durfte er sein Zeichen in ein Wappen setzen – und wenn die Nachfahren ebenfalls Baumeister waren, übernahmen sie das Wappen meistens. Durch derartige Kennzeichnungen war es möglich, das Wirken einer Baumeisterfamilie über viele Jahrhunderte hinweg zu verfolgen. Zumal diese sich oft stolz selbst ein Denkmal setzten, indem sie das Wappen deutlich sichtbar, zum Beispiel auf Schlusssteinen, anbrachten.

Deshalb sind solche Wappen – und auch ganz einfache Steinmetzzeichen – für die Erforschung von Bauwerken von großer Bedeutung. Das gilt auch für das Schloss. In *Das Heidelberger Schloss und seine Geschichte* schreibt Sonja Steiner-Welz: „Zahlreiche Steinmetzzeichen bedecken die Mauern des Torturmes, wie aller Bauten Ludwigs V." Ihr zufolge lassen sich Steinmetzzeichen aus der Zeit von Ludwig V. (1478-1544), Friedrich II. (1482-1556),

Ottheinrich (1502-1559) und Friedrich IV. (1574-1610) nachweisen. Nicht nur für die Baugeschichte des Schlosses, auch für die der Heiliggeistkirche sind Steinmetzzeichen wichtig. Julian Hanschke befasst sich in seinem Werk *Neue Forschungen zur Baugeschichte des Heidelberger Schlosses* auch mit der Geschichte der Heiliggeistkirche und erklärt, dass sich dank vorhandener Steinmetzzeichen die Erbauung der Langhausgewölbe neu datieren lasse: „Da die Gewölberippen Steinmetzzeichen tragen, welche auch an den Schlossbauten des frühen 16. Jahrhunderts vorkommen, ist – anders als bislang vermutet – von einer Vollendung des Langhauses erst im 16. Jahrhundert unter Ludwig V. auszugehen." Ludwig V. war von 1508 bis 1544 Kurfürst von der Pfalz.

Auch bei der Datierung der Bibliothek halfen Hanschke zufolge Steinmetzzeichen: „Unter den Schlossbauten Ludwigs V. stellt der risalitartig vor die alte westliche Burgmauer tretende Bibliotheksbau ein herausragendes Bauwerk dar. Wie schon in der ältesten Schlossliteratur zutreffend erkannt wurde, muss mit der Errichtung des Bibliotheksbaues im früheren Zwingerbereich die Aufgabe der ältesten Wehranlagen einhergegangen sein. Die verwendeten Bauformen und die mit dem Ludwigsbau und dem Frauenzimmerbau übereinstimmenden Steinmetzzeichen legen eine Erbauung um bzw. bald nach 1500 nahe."

Was die Steinmetze einst in die Steine meißelten, um dann auch angemessen bezahlt zu werden, hilft heute also bei der Datierung und Erforschung der Baugeschichte. Kleine Zeichen, so oft übersehen, so voller Geschichte, so voller Bedeutung!

Eva-Maria Bast

So geht's zum Steinmetzzeichen:

Es befindet sich am Torturm des Heidelberger Schlosses.

17

Gedenkstein

Eine unglaubliche Schießleistung

E r kündet von einer großartigen militärischen Leistung und wird doch so wenig beachtet: Die Konkurrenz für den Gedenkstein im Stückgarten des Heidelberger Schlosses ist einfach zu groß. Der atemberaubende Ausblick auf die Stadt und das Schloss, der Dicke Turm und das Elisabethentor wecken das Interesse der Besucher wesentlich mehr als die unauffällige Tafel aus rotem Sandstein. Daran ändert auch ihre Inschrift nichts, die in knappen Worten erklärt, welch unglaubliches Schauspiel am 22. Januar 1681 beim Schloss zu sehen war: *ANNO MDCLXXXI / DEN XXII. JANVARI / VON SCHLOS AVF DISEN ORT / HAT WIEDER ALLES HOFFEN / AVS STÜCKEN CHVRFÜRST CARL / MIT KUGEL KUGEL TROFFEN.*

Anette Senn-Schmottlach, die sich in der Schlossruine hervorragend auskennt, geht vor allem mit Kindern gern hierher, um ihnen von dem Gedenkstein und der Geschichte zu erzählen, die sich hinter ihm verbirgt. „Die sind dann immer ganz beeindruckt", sagt sie. Und das ist kein Wunder. Denn die Inschrift besagt nichts anderes, als dass es Kurfürst Karl II. von der Pfalz (1651-1685) im Januar 1681 gelang, aus zwei Kanonen je eine Kugel gleichzeitig so abzufeuern, dass sie sich in ihrer Flugbahn trafen und zerbarsten. „Ihm ist damit das schier Unmögliche gelungen", bewundert die Gästeführerin den Erfolg.

Allerdings vollbrachte Karl die Meisterleistung nicht im Stückgarten, obwohl auch in der Inschrift von „Stücken" die Rede ist. Der Begriff bezeichnet ein Geschütz, das einer Kanone ähnelt. Die Westterrasse des Schlosses, die heute nach diesen Waffen benannt ist, war dazu da, die Kanonen aufzustellen und abzufeuern und damit das Schloss gegen Angriffe von Westen zu verteidigen. Die „Stücke", auf die in der Inschrift hingewiesen wird, standen aber am Friesenberg auf der Ostseite des Schlosses.

Ein Gedenkstein mit einer merkwürdigen Inschrift kündet von einer großartigen militärischen Leistung.

„Dort befand sich der Schießstand der kurfürstlichen Artillerie",
erklärt die Heidelbergerin. Und nicht nur die Soldaten, sondern
auch der Kurfürst vertrieben sich hier gern die Zeit mit Schießübungen – unter anderem am 22. Januar 1681, als ihm das Glück und mit
Sicherheit auch der Zufall ganz besonders hold waren. „Darauf, dass
ihm an diesem Tag der Clou mit den beiden Kugeln gelungen ist,
war er offenbar so stolz, dass er den Gedenkstein anfertigen und
dort drüben aufstellen ließ", vermutet Anette Senn-Schmottlach.
Die Tafel mit der Inschrift wanderte im Laufe der Jahrhunderte von
der einen Seite des Schlosses auf die andere, was wohl der geringen
Aufmerksamkeit geschuldet war, die ihr am Friesenberg zuteil-
wurde. Der Landschaftsarchitekt und Universitätsgärtner des Heidelberger Schlosses, Johann Metzger (1789-1852), vermutete, das
„Bürgerliche Artilleriekorps", das den Stückgarten seit Beginn des
18. Jahrhunderts nutzte, habe den Stein versetzt, um ihn prominen-
ter zu platzieren.

Warum vertrieb sich Karl mit derartigen Schießübungen die
Zeit? Es mag an seinem sonst eher tristen Leben gelegen haben. Als
ältester Sohn des Kurfürsten Karl I. Ludwig von der Pfalz (1617-
1680) und dessen Ehefrau Charlotte (1627-1686) wuchs er nach der
Trennung der Eltern bei seinem autoritären Vater auf. Seine Bio-
grafen beschreiben ihn als ängstlichen und verschlossenen Hypo-
chonder, der in jungen Jahren mit Gelehrsamkeit vollgestopft
wurde. Bei Reisen in die Schweiz erkrankte er so schlimm an den
Blattern, dass ihn die Pockennarben für den Rest seines Lebens
entstellten.
Nicht einmal, wen er heiraten würde, durfte er selbst bestimmen.
So landete er nicht – wie er es sich selbst gewünscht hätte – an der
Seite einer württembergischen Prinzessin. Vielmehr ehelichte er
die ebenso pummelige und dümmliche wie eingebildete Wilhel-
mine Ernestine von Dänemark (1650-1706), eine Schwester des
Dänenkönigs Christian V. (1646-1699). Angeblich musste der
20-Jährige bei den Feierlichkeiten am 20. September 1671 erst einmal nachfragen, was er denn in der Hochzeitsnacht eigentlich zu
tun habe. Erst als sein Vater 1680 starb, kam er auf den Thron –
allerdings nur für fünf unrühmliche Jahre.

Eine aufwändige Hofhaltung, für die unter anderem seine Gattin verantwortlich war, seine Jagd- und Theaterleidenschaft und diverse militärische Spielereien zwangen ihn dazu, immer wieder den Steuerdruck auf seine Untertanen zu erhöhen und Ämter zu verkaufen. Das brachte ihm nicht nur den Unwillen seines Volkes, sondern schlussendlich auch den Tod ein. Karl starb am 16. Mai 1684 in Heidelberg, weil er sich beim Krieg spielen in den Mannheimer Rheinauen ein Fieber eingefangen hatte: Vier Wochen lang hatte er die Burg Eichelsheim als türkische Festung drapieren und dann belagern lassen.

Anette Senn-Schmottlach ist von der Schlossruine immer wieder aufs Neue fasziniert.

„Karl war der letzte pfälzische Kurfürst aus dem Haus Pfalz-Simmern. Nachdem er gestorben war, entbrannte ein Streit um die Erbansprüche seiner Schwester Liselotte, die der Vater 1671 als Herzogin von Orléans nach Frankreich verheiratet hatte", sagt Anette Senn-Schmottlach. Liselottes Schwager König Ludwig XIV. (1638-1715) von Frankreich erhob für sie Ansprüche auf die Pfalz und provozierte den Pfälzischen Erbfolgekrieg (1688-1697), der für Karls und Liselottes Heimatstadt zum Desaster werden sollte. An seinem Ende stand die Zerstörung des Heidelberger Schlosses 1693 (siehe Geheimnis 39), von dem aus Karl das schier Unmögliche gelungen war – wenn ihm auch sonst nicht viel Erfolg im Leben vergönnt war.

Heike Thissen

....

So geht's zum Gedenkstein:

Der Gedenkstein steht am hinteren Ende des Stückgartens vor dem Dicken Turm an der Schlossruine, Schlosshof 1.

18

Himmelsleiter

Auf steilen Stufen nach oben

Ach, wenn es doch so einfach wäre! Wenn man wirklich nur diese sehr steile und damit recht beschwerliche Treppe erklimmen müsste, um ins Paradies zu gelangen – so mancher Heidelberger würde die Mühen sicherlich gern auf sich nehmen! Schließlich lässt der Name *Himmelsleiter* darauf hoffen, dass an ihrem Ende eine besondere Belohnung wartet. So verspricht es die Bibel: Von einer Himmelsleiter träumt Jakob im Buch Genesis. Während sie mit ihrem unteren Ende fest auf der Erde steht, ragt sie mit ihrer Spitze bis zu Gott in den Himmel. Engel steigen auf ihr auf und nieder. Von himmlischen Wesen ist im Heidelberger Stadtwald zwischen Schloss und Königstuhl zwar nichts zu bemerken. Aber man sieht doch immer wieder Wanderer mit guter Kondition, die den direkten Weg nach oben nehmen. Die wenigsten von ihnen wissen jedoch, auf was für Stufen sie da wandeln.

Da Arnold Schwaier sich im Heidelberger Stadtwald sehr gut auskennt, besteigt er den 567 Meter hohen Königstuhl allerdings lieber auf anderen Wegen als über die steile Treppe. „Ich bin die Himmelsleiter nie ganz hinaufgestiegen", gesteht der heimatverbundene geborene Schlierbacher, „das ist jedoch eine zwar anstrengende, aber beinahe mystische Wanderung oberhalb der Schlossruine."

Dass die Heidelberger auf so einer besonderen Treppe und über 1.200 grob behauene Stufen die Höhenmeter überwinden können, verdanken sie dem städtischen Forstamtsleiter Adam Laumann, der sie in den Jahren 1843 und 1844 aus Sandsteinen anlegen ließ. Dabei ging es nicht nur darum, den Spaziergängern schnellen Zugang zum Gipfel zu gewähren, sondern auch und besonders um den Schutz der Vegetation. „Es sei nötig gewesen, diese Linie zuerst in Bau zu nehmen, da durch das Begehen nach dem Königstuhl merklicher Schaden entstünde und die vielen Steine nicht ohne Nachteil

Arnold Schwaier steht am Fuße der Himmelsleiter.

des Waldes auf die Seite geschafft werden könnten. Durch die Treppensteine würde dem Hutpersonal wie den Besuchern des Königstuhl ein Weg hergestellt, auch erübrige sich das jährliche Ausputzen der Abteilungslinie", hat der Heidelberger Heimatforscher Herbert Derwein den Forstakten aus dem Jahr 1844 entnommen. Aber die Himmelsleiter oder zumindest die Spur, in der sie heute verläuft, ist tatsächlich schon wesentlich älter. Sie ist auch auf einem Befestigungsplan aus dem Jahr 1622 zu sehen.

1844 griff Forstamtsleiter Adam Laumann diese Trasse dann wieder auf. „Damals gab es noch nicht die vielen Waldwege, auf denen wir heute bequem wandern oder zum Teil sogar mit dem Auto fahren können. Mitte des 19. Jahrhunderts nutzten die Menschen enge und steile Hohlwege, auf denen zum Beispiel auch geschlagenes Holz nach unten transportiert wurde", sagt Arnold Schwaier. Am Molkenkurweg oberhalb des Schlossparks beginnt die Himmelsleiter, die dann auf einer Strecke von 680 Metern einen Höhenunterschied von rund 270 Metern überwindet. Schon kurz nach ihrer Fertigstellung gaben ihr die Heidelberger den Namen, den sie bis heute trägt.

Die Himmelsleiter gehört heute zum Neckarsteig. Der die Stufen fortsetzende Pfad endet in der Nähe der Falknerei auf dem Königstuhl. Dort oben belohnt an schönen Tagen ein herrlicher Ausblick über das Neckartal und die Rheinebene alle, die die Höhenmeter erklommen haben. Ob sie diese zu Fuß über die Himmelsleiter oder mit der Bergbahn überwunden haben, ist dabei Nebensache – auch wenn die Wanderer den Ausblick nach der großen Anstrengung vielleicht noch ein bisschen mehr genießen können.

Heike Thissen

....

So geht's zur Himmelsleiter:

Die Himmelsleiter führt oberhalb des Schlossparks auf den Königstuhl. Sie beginnt in der ersten Kehre des Molkenkurweges.

Eine der Brezeln, die an der Heiliggeistkirche ein-
gemeißelt sind.

Brezel
Rätsel um ein steinernes Gebäckstück

Auf dem Weg in die Kirche mal Appetit auf eine Brezel zu bekommen, kann durchaus passieren. Vor allem dann, wenn der Weg an Bäckereien vorbeiführt und der Duft frisch gebackener Teigwaren durch die Straßen zieht. In Heidelberg kann man aber auch dann Lust auf das süddeutsche Gebäck bekommen, wenn alle Bäckereien geschlossen haben. Denn gleich neben dem rechten Eingang auf der Südseite der Heiliggeist-kirche ist eine Brezel abgebildet, eine von vielen: Wenn man genau hinsieht, findet man Dutzende Brezeln in verschiedenen Größen. Allerdings werden zu Zeiten, in denen die Händler an der Heilig-geistkirche ihre Geschäfte geöffnet haben, viele Brezeln durch die Fensterläden verdeckt. Sind diese aber geschlossen, tauchen sie in verschiedenen Größen auf. An ihnen würde man sich allerdings die Zähne ausbeißen, schließlich sind sie keineswegs aus leckerem Teig, sondern in den Stein geritzt , manche auch erhaben aus dem Stein herausgemeißelt. Und alt sind die Brezeln auch, sie entstanden im ausgehenden 17. und beginnenden 18. Jahrhundert – von Frische kann also keine Rede sein.

Gern erzählt wird in Heidelberg, dass die Brezeln eine Art früher Verbraucherschutz gewesen seien: Je nachdem wie gut oder schlecht die Ernte ausfiel, so lautet die Erklärung, seien größere oder kleinere Brezeln gebacken worden. Die für das Jahr geltenden Brezelmaße seien dann, zusammen mit der Jahreszahl, in die Außenwand der Heiliggeistkirche eingemeißelt oder eingeritzt worden, sodass die Käufer an Ort und Stelle nachmessen konnten, ob der Bäcker zu kleine Brötchen, pardon – Brezeln – gebacken hatte. Schlüssig ist die Geschichte deshalb, weil jede Stadt und teilweise jedes Dorf bis ins Jahr 1872, also vor der Einführung des Meters, seine eigenen Maße hatte. Und die wurden an einer zentralen Stelle nahe des Markts, häufig am Rathaus, aber durchaus auch an Kirchen, angebracht. So konnten Streitigkeiten vermieden werden: Der Käufer hatte die Möglichkeit, sich vor Ort davon zu überzeugen, dass er nicht übers Ohr gehauen worden war. Und die Händler konnten ihre Messlatten an den Stadtmaßen eichen. So gesehen machen Brezelmaße an der Heiliggeistkirche Sinn, zumal sich in den Lädchen, in denen heute Nippes zum Kauf angeboten wird, früher Bäckereien befanden.

Mit Jahreszahl: eine weitere Brezel an der Heiliggeistkirche.

Trotz aller Schlüssigkeit gibt es Zweifel an dieser Geschichte und die Vermutung, dass es sich nicht um Maße, sondern eher um Lizenzzeichen der Bäckereien handelt, die dort ihre Verkaufsstände hatten. Zumal manche Brezeln mit Kronen, andere wieder mit Initialen versehen sind. Während die Jahreszahl für die Deutung sprechen könnte, es handele sich um Brezelmaße, sprechen die Kronen und die an Initiale erinnernden Buchstaben außerhalb oder innerhalb des Brezelzeichens eher dagegen.

Erstaunlich sind auch die Formvarianten: Bei einigen berühren sich die „Arme" in der Mitte lediglich, bei anderen überschneiden sie sich.

Und noch mehr Brezeln an der Wand der Heiliggeistkirche.

Insgesamt kann man mindestens zweierlei sagen: Die südliche Außenwand der Heiliggeistkirche ist eine Brezel-Rätsel-Wand, über die es auch eine Fülle an Literatur gibt, in der allerlei Deutungsvorschläge gemacht werden. Und zweitens und ohne jede Frage: Brezeln müssen bei den Bewohnern Heidelbergs außerordentlich beliebt gewesen sein – warum sonst hätten sie die Kirchenwand so reichlich mit diesem Motiv versehen?

Eva-Maria Bast

So geht's zur Brezel:

An der Südostecke der Heiliggeistkirche sind außen etwa 20 Brezelsymbole ins Mauerwerk eingeritzt. In ihrer Vielgestaltigkeit kann man sie bewundern, wenn die kleinen Läden geschlossen haben. Die Heiliggeistkirche steht am Marktplatz.

20

Tilly-Sitzbank

Zwei Feinde in Idylle vereint

Für die meisten Wanderer sind die beiden Sitzbänke im Stadtwald oberhalb von Rohrbach einfach ein willkommener
Rastplatz. Für Gisela Leber bedeuten sie viel mehr als das.
Zum einen sind sie eine Erinnerung an ihren Vater Theodor
Leber junior, der als Hobbyforscher in der Gegend mehrere Vertei-
digungsanlagen vermessen hat. Zum anderen halten sie für die Hei-
delbergkennerin die Erinnerung an den Dreißigjährigen Krieg (1618-
1648) wach. Denn wer genau hinsieht, erkennt, dass auf der einen
Bank *Tilly-Bank* und auf der anderen *Van der Merven-Bank* steht –
und die Sitzgelegenheiten damit nach den beiden Gegnern benannt
sind, die sich 1622 unter anderem auch hier im Stadtwald oberhalb
von Heidelberg bekämpften.

„Mein Vater ließ zwei vergleichbare Bänke Anfang der 1980er-
Jahre nicht weit entfernt aufstellen, nachdem er mehrere Schanzen

im Stadtwald vermessen hatte. Im Gedenken daran haben wir zwei neue Bänke zum 1250-jährigen Jubiläum des Stadtteils Rohrbach gestiftet, weil die alten im Lauf der Zeit verwittert waren", sagt Gisela Leber, die sich noch genau daran erinnert, wie sie mit ihrem Vater damals durchs Gebüsch kroch, um die Erdhügel zu erkunden. „Schon die ersten Bänke waren nach Tilly und van der Merven benannt, deshalb haben wir die Namen beibehalten." Welche Rolle spielten die beiden Männer in Heidelbergs Geschichte?

Der Dreißigjährige Krieg dauerte von 1618 bis 1648 und war nicht nur ein Konflikt um die Vorherrschaft in Deutschland und Europa, sondern auch ein Religionskrieg. In ihm entluden sich im Heiligen Römischen Reich die Gegensätze zwischen den Katholiken, die unter der katholischen Liga kämpften, und den Protestanten, die sich in der protestantischen Union zusammentaten. Die habsburgischen Mächte Österreich und Spanien trugen in diesem Zusammenhang ihre Interessenkonflikte mit Frankreich, den Niederlanden, Dänemark und Schweden aus. Vor allem die Kurpfalz litt stark unter den jahrelangen Kämpfen und den ständigen Truppendurchzügen. Hier überlebte nur etwa ein Viertel der Bevölkerung.

Idyllisch im Stadtwald gelegen: die Tilly-Bank.

„Der Holländer Heinrich van der Merven war Obrist in Diensten der kurpfälzischen Regierung in Heidelberg und Kommandant der dortigen Garnison", erklärt Gisela Leber. Als Johann t'Serclaes Graf von Tilly (1559-1632), der oberste Heerführer der katholischen Liga, während seines Anmarsches am 29. Oktober 1621 den Heidelbergern schrieb, sie sollten sich dem Kaiser unterwerfen, antwortete van der Merven, er wolle die Stadt bis auf den letzten Tropfen seines Blutes verteidigen. Es dauerte noch einige Monate, bis die beiden Befehlshaber mit ihren Soldaten aufeinandertrafen.

Im August 1622 beschloss Tilly die Endphase der Belagerung Heidelbergs, die bereits mehrere Monate gedauert hatte, einzuleiten. Nachdem ein Sturmangriff auf das Schloss und die Beschießung der Stadt weitgehend wirkungslos geblieben waren, schickte Tilly ein Verhandlungsangebot an van der Merven, das dieser jedoch mit dem Hinweis ablehnte, sein Vorgesetzter in Mannheim, Horace de Vere (1656-1635), sei dafür zuständig. „Weitere Versuche der Belagerer, der Stadt Herr zu werden, blieben zunächst noch erfolglos", sagt Gisela Leber. Doch dann wendete sich das Blatt. Tilly gelang es, den Bischof von Speyer dazu zu überreden, ihn mit bewaffneten Untertanen und Soldaten zu unterstützen. Sie rückten mit Hacken und Pickeln an und gaben den Belagerern neuen Auftrieb. Am 6. September gelang es den so verstärkten Kräften, auf Königstuhl und Gaisberg oberhalb von Schloss und Stadt Geschütze zu positionieren. Vier Tage später starben die ersten Heidelberger durch den Artilleriebeschuss. Am 15. und 16. September brachten zwei Generalstürme auf Stadt und Schloss endgültig die Wende, weil es den bayerischen Soldaten gelang, in die Vorstadt einzudringen.

„Der Holländer Heinrich van der Merven war Obrist in Diensten der kurpfälzischen Regierung in Heidelberg und Kommandant der dortigen Garnison."

Jetzt wollte van der Merven mit Tilly verhandeln, doch der ließ ausrichten, es sei dafür nun zu spät und er könne seine Soldaten unmöglich zurückhalten. Gisela Leber weiß, was dann passierte: „Van der Merven zog sich mit seiner Garnison aufs Schloss zurück und überließ die Heidelberger ihrem Schicksal." Drei Tage lang plünderten und brandschatzten die Truppen der Liga in der Stadt. Ein zeitgenössischer Bericht beschreibt die Situation so: Es sei „ein jämmerlich Zetergeschrey und Wehklagen, durch Niederhauen, Plündern und Geld heraus martern mit Däumeln, Knebeln, Prügeln, Peinigen, Nägelbohren, Sengen an heimlichen Orten, Aufhenken, Brennen an Fußsohlen, mit Schänd und Wegführung der Frauen und Jungfrauen gegangen".

Als van der Merven erfuhr, dass er aus Mannheim keine Hilfe erwarten konnte, entschloss er sich zur Übergabe des Schlosses an

Tilly. Seiner Garnison wurde freier Abzug gewährt, sodass die Soldaten am 20. September das Schloss und die Stadt verließen. Der Abzug verlief allerdings nicht ohne Zwischenfälle. Die Ligisten wollten sich dafür rächen, dass während der Belagerung 400 ihrer Kameraden ihr Leben gelassen hatten, und misshandelten die Soldaten auf vielfältige Weise. Tilly persönlich musste einschreiten und für Ordnung sorgen, damit die Abziehenden freies Geleit bis nach Frankfurt erhielten.

„Schon die ersten Bänke waren nach Tilly und van der Merven benannt."

Doch damit war der Krieg für Heidelberg noch längst nicht beendet. Die katholischen Truppen entwendeten im Dezember 1622 die weltberühmte Pfälzer Bibliothek, die Bibliotheca Palatina, als Kriegsbeute aus der Heiliggeistkirche und brachten sie in den Vatikan. Am 23. Februar 1623 wurde die Kurwürde der Pfalz auf Maximilian I. von Bayern (1573-1651) übertragen. Während der folgenden bayerischen Besatzungszeit wurde der Katholizismus zwangsweise eingeführt und die Universität aufgelöst. „An all diese Geschehnisse erinnern die beiden Sitzbänke", fasst Gisela Leber zusammen. Doch von Feindschaft und Krieg ist heutzutage hier im Stadtwald keine Spur zu finden. Wenigstens hier stehen Tilly und van der Merven friedlich Seite an Seite.

Heike Thissen

So geht's zur Tilly-Sitzbank:

Die beiden Sitzbänke befinden sich im Wald des Stadtteils Rohrbach am Ende der Rohrbacher Himmelsleiter auf dem Unteren Grenzweg.

21

Wolfsköpfe
Wasserspeier mit langer Geschichte

Weit aufgerissene Mäuler, spitze Zähne, angriffslustig gespitzte Ohren: Die vier Wolfsköpfe am Brunnen vor dem Gasthaus *Wolfsbrunnen* in Schlierbach sehen gefährlich aus. Gerade deshalb passen sie so gut zu dem Ort, an dem sie angebracht sind. Denn die Bezeichnung geht auf die Jetta-Sage zurück, in der eine Seherin namens Jetta an dieser Stelle von einem Wolf getötet worden sein soll. Außerdem ging ein Wolfsjäger hier oben seiner Arbeit nach. Wie aus einer Urkunde aus dem Jahr 1465 hervorgeht, stand dieser sogenannte „Wolfskreiser" im Auftrag der Pfalzgrafen. Seine Aufgabe bestand darin, die Anwesenheit von Wölfen in der Heidelberger Umgebung festzustellen und sie bei eigens angesetzten Hofjagden mit langen Seilen, an denen Stofflappen hingen, einzukreisen. Damals stellten sich die Menschen Wölfe genauso angsteinflößend und blutrünstig vor, wie sie am Brunnen zu sehen sind. Dass es sich bei den Tierköpfen nur um Attrappen aus Kunststoff handelt, tut ihrer Wirkung keinen Abbruch.

„Bis vor wenigen Jahren waren es noch echte Bronzeköpfe, die hier Wasser spien. Aber die waren offenbar als Souvenir begehrt und einer wurde beim zeitweiligen Leerstand der Anlage gestohlen oder demoliert", erklärt Arnold Schwaier, der ein ausgeprägtes Interesse für seinen Heimatort Schlierbach hat. Wer einmal an einem lauen Sommerabend die Idylle des Wolfsbrunnens genossen hat, kann fast nachvollziehen, dass Besucher ein Andenken mit nach Hause nehmen möchten. Aber es müssen ja nicht gleich die Wolfsköpfe sein. 2015 erhielt der Karlsruher Bildhauer Christoph Lehr den Auftrag, Duplikate herzustellen. Seither zieren vier jeweils zwei Kilo schwere Köpfe das Wasserspiel, die teurer und wertvoller aussehen, als sie sind. „Es ist Kunststoff und es lohnt sich nicht mehr, sie zu stehlen", erklärte Lehr gegenüber der Rhein-Neckar-Zeitung, als er die Köpfe am Brunnen anbrachte.

„Bis vor wenigen Jahren waren es noch echte Bronzeköpfe, die hier Wasser spien. Aber die waren offenbar als Souvenir begehrt und einer wurde beim zeitweiligen Leerstand der Anlage gestohlen oder demoliert."

Doch die Wölfe sind es nicht, woran Arnold Schwaier denkt, wenn er über das Gelände spaziert. „Für mich ist der Wolfsbrunnen bis heute ein mystischer Ort", sagt er. „Während im unteren Tal die Neuzeit ihren Einzug gehalten hat, ist die Gegend hier oben fast noch urtümlich erhalten."

Schwaier erzählt von Kurfürst Friedrich II. (1483-1556), dessen Leidenschaft die Jagd war. Er bestimmte 1550 den lauschigen Platz, der über die Bergschulter vom Schloss her bequem zu erreichen war und schon zuvor als Ausgangspunkt für Jagden gedient hatte, als Standort für ein fürstliches Lusthaus, das aus einem einfachen Gebäude aus Sandstein mit Satteldach bestand. Der Bauherr ließ die Hauptquelladern des Schlierbaches in einem Brunnenhaus fassen und davor eine Wasserentnahmestelle anlegen, die durch seitliche Treppen erreichbar und mit Bänken und Tischen aus Stein bestückt war. „Das Wasser floss dann in drei oder vier Forellenteiche", sagt Schwaier. Friedrich legte den Grundstein für eine jahrhundertelange Begeisterung der Heidelberger Schlossbewohner für den Ort oberhalb von Schlierbach. Auch seine Nachfolger unternahmen mit ihren Gästen gern den rund einstündigen Spaziergang auf dem Schloss-Wolfsbrunnenweg, um ungestörte Ruhe und diskrete Erholung zu genießen.

„Schon damals erzählte man sich verschiedene Geschichten über den Ort", sagt Arnold Schwaier. „Neben der Jetta-Sage, die seit 1555 in unterschiedlichen Ausschmückungen erzählt wird, könnte die Nibelungensage in Teilen hier stattgefunden haben." Der aus regionaler Sicht wahrscheinliche Dichter des Nibelungenlieds – ein Ritter Bligger von Steinach – lebte neckaraufwärts in einer der Burgen oder der Harfenburg und dürfte Gast des Pfalzgrafen bei Jagden gewesen sein. „Es ist gar nicht so unwahrscheinlich, dass es an einer der vielen Quellen im oberen Schlierbachtal war, an der Siegfried von Hagen von Tronje ermordet wurde", überlegt Schwaier. Weder der Wahrheitsgehalt der einen, noch der der anderen Geschichte wird sich jemals klären lassen. Sie haben aber mit Sicherheit seit jeher zur großen Faszination des Ortes beigetragen.

Ein Idyll, das seinesgleichen sucht: das Wolfsbrunnen-Gelände.

„Vor allem die Romantiker empfanden den Wolfsbrunnen als Juwel", sagt der Heidelberg-Kenner. Vom Ende des 18. Jahrhunderts an kamen Dichter und Literaten, Maler und Zeichner hierher, um sich von der Muse küssen zu lassen oder einfach nur ein paar schöne Stunden zu verbringen. Die Brüder Wilhelm und Joseph von Eichendorff waren 1807 hier (siehe Geheimnis 22), Johann Wolfgang von Goethe kam 1814 und August von Platen 1822. „Aus den Wolfsschnäuzchen sprudelte das Wasser in vier Strahlen wie früher", schrieb der spätere Chemiker Alexander Porfirjewitsch 1877 an seine künftige Gattin. Im selben Jahr waren Richard Wagner und seine Frau Cosima zu Gast, sechs Jahre später kamen Kaiserin Elisabeth von Österreich und ihre Tochter Valerie vorbei und auch Königin Viktoria von Schweden lauschte dem Plätschern des Wassers im Brunnen mit den Wolfsköpfen.

„Neben der Jetta-Sage, die seit 1555 in unterschiedlichen Ausschmückungen erzählt wird, könnte die Nibelungensage in Teilen hier stattgefunden haben."

Nach den Plänen des Karlsruher Baumeisters Friedrich Weinbrenner entstand wenig später, 1822, das unter Denkmalschutz stehende Gasthaus *Wolfsbrunnen* im Schweizerstil, das auch heute noch zu sehen ist. Die Umgebung und die Nebengebäude wurden mehrfach umgebaut. Geblieben ist dabei immer der plätschernde Brunnen. Er geht zurück auf einen Vorgänger, der bereits auf einem Kupferstich von Matthaeus Merian aus dem Jahr 1620 zu sehen ist – allerdings ohne wasserspeiende Tiere. Diese kamen erst 1875 dazu. Sie wurden eigens für den Brunnen in der Formensprache des Jugendstils mit geschwungenen Elementen am Hinterkopf gefertigt – ursprünglich aus Bronze.

Heike Thissen

....

So geht's zu den Wolfsköpfen:

Der Brunnen mit den Wolfsköpfen befindet sich vor dem Restaurant „Wolfsbrunnen" in der Wolfsbrunnensteige 15 in Schlierbach.

*Hans-Jürgen Fuchs lehnt am Brunnen in der Rathaus-
straße, den eine besondere Inschrift prägt.*

22

Brunneninschrift
Zeichen einer unerfüllten Liebe

Rohrbach hat viel von seiner dörflichen Struktur ins 21.
Jahrhundert gerettet, weil sein Stadtteilverein mit großem Engagement die Besonderheiten des ehemals eigen-
ständigen Dorfes pflegt. Deutlich wird das in der neu
gestalteten Rathausstraße, in der die Rohrbacher an warmen Tagen
draußen sitzen, ein Schwätzchen halten und dem Plätschern eines
Wasserlaufs lauschen können. „Noch schöner wäre es, wenn hier der
ursprüngliche Rohrbach entlangfließen würde", findet Hans-Jürgen
Fuchs, Vorsitzender des Stadtteilvereins, und lehnt sich an den Brunnen, aus dem das Wasser sprudelt. „Tatsächlich ist der richtige Bach
aber komplett überbaut und das hier ist nur Leitungswasser." Und
doch gibt es eine Besonderheit: Den Brunnen ziert die in Stein gehauene Inschrift *In einem kühlen Grunde, da geht ein Mühlenrad. Mein
Liebste ist verschwunden, die dort gewohnet hat.*

„Das ist der Anfang von Joseph von Eichendorffs Gedicht *In einem kühlen Grunde*", erklärt der Rohrbach-Kenner und kann anschaulich darstellen, warum es ausgerechnet hier angebracht ist: „Als Eichendorff in den Jahren 1807 und 1808 in Heidelberg Jura studierte, verbrachte er auch viel Zeit in Rohrbach. Hier in der Hauptstraße steht noch heute der *Rote Ochsen*, ein Gasthaus, in dem er oft anzutreffen war, und gegenüber das Elternhaus von Käthchen, in die er sich verliebte." Davon, dass diese Liebe nicht glücklich endete, handelt das Gedicht.

Es ist am Morgen des 17. Mai 1807, als Joseph von Eichendorff (1788-1857) zusammen mit seinem Bruder Wilhelm (1786-1849) in Heidelberg ankommt. Er ist überwältigt von der Schönheit der Stadt und der Umgebung. „Endlich um 4 Uhr Morgens fuhren wir mit Hertzklopfen durch das schöne Triumphthor in Heidelberg ein, das eine über alle unsere Erwartung unbeschreiblich wunderschöne Lage hat. Enges blühendes Thal, in der Mitte der Neckar, rechts u. links hohe felsigte laubigte Berge", hält er in seinem Tagebuch fest.

Sein Jurastudium verliert er in der Neckarstadt schon bald aus den Augen. Denn just in jenen Jahren erlebt die literarische Bewegung der Romantik in Heidelberg ihre Blütezeit. Die Schriftsteller Achim von Arnim (1781-1831) und Clemens von Bretano (1778-1842) sind in der Stadt, der Gymnasial- und Hochschullehrer und Publizist Joseph Görres (1776-1848) gesellt sich dazu. Zusammen gehen sie als Hauptvertreter der Heidelberger Romantik in die Literaturgeschichte ein und haben großen Einfluss auf das künstlerische Denken des 19-jährigen Eichendorff.

Außerdem verbringt er viel Zeit mit engen Freunden, die er zum Teil schon aus seiner Studienzeit in Halle kennt. Mit ihnen gründet er den literarischen Kreis namens „Eleusinischer Bund", in dem sie über Dichtung diskutieren und Theaterstücke einüben – und zwar im Rohrbacher Ochsen. Dem gegenüber steht das Geburts- und Elternhaus eines Mädchens namens Katharina Barbara Förster. Sie ist die Tochter des Rohrbacher Küfermeisters Johann Georg Förster und seiner Frau Maria Barbara und lebt seit 1807 im Hause ihres Bruders, des Bäckermeisters Johann Jakob Förster, dem sie im Haushalt hilft. Wie es der Zufall will, wohnen auch die Eichendorff-

Brüder hier – und das Schicksal nimmt seinen Lauf, der sich dank Eichendorffs Tagebucheinträgen weitgehend nachvollziehen lässt. Wenn auch viele Details fehlen, wird deutlich, dass sich aus der anfänglichen Liebelei der beiden jungen Menschen bald eine tiefe Zuneigung entwickelt.

Am 7. Februar 1808 schreibt er beispielsweise davon, wie er bei einem Spaziergang nach Rohrbach Käthchen und ihren Bruder sieht. „Mein Nachrennen u. Einhohlen. Großer Wind. Trauer eines fast gebrochenen Hertzens. Sich selbst bedauern. Ich allein im Ochsen. Trüber Tag. Die Laden dunkel zu. Rauschen des Baches draußen. Nach kurtzem Harren herzlich munterer Rükweg. Erzählungen von Schlesien. Abschied am Schießthore." Die Beziehung zwischen der Katholikin und dem Lutheraner scheint von etlichen Aufs und Abs geprägt gewesen zu sein. Am 19. März schreibt er ihren Namen in den Schnee, zwei Tage später gibt es „große Händel wegen gemachter Entdeckungen", auf die er aber nicht näher eingeht. Am 3. April schreibt er von einem schönen warmen Abend

Auch am unteren Ende des Wasserlaufs findet sich ein Teil des Gedichts.

mit ihr, „umschlungen u. sehr lieb. An der wohlbekannten Hecke am Bache langer herzlicher Abschied." Und dann enden seine Aufzeichnungen aus Rohrbach. Am 5. April verlassen die Brüder Eichendorff Heidelberg überstürzt, um nach Paris zu reisen. Joseph und Käthchen sehen sich danach nie wieder. 1813 fasst er seine Erlebnisse in einem Gedicht zusammen, das er mit dem Titel *Lied* unter seinem Pseudonym „Florens" in der Anthologie *Deutscher Dichterwald* veröffentlichen lässt. Später nimmt er es in seinen

Roman *Ahnung und Gegenwart* mit auf, der 1815 erscheint. Käthchen stirbt ledig im Alter von 48 Jahren in Heidelberg und wird am 1. August 1837 auf dem Friedhof der Peterskirche beigesetzt.

Sie hat mir Treu' versprochen / Gab mir ein Ring dabei / Sie hat die Treu' gebrochen / Mein Ringlein sprang entzwei führt Eichendorff die Zeilen seines Gedichts weiter. „Er schreibt zwar, dass das Ringlein zerbrochen sei und sie ihn betrogen habe. Vielleicht war sie ihm aber auch einfach ein bisschen zu keck. Weil die entsprechenden Seiten in seinem Tagebuch fehlen, wird man wohl nie erfahren, was genau zwischen Eichendorff und dem Käthchen vorgefallen ist", überlegt Hans-Jürgen Fuchs.

Dass Eichendorff sich in seinem Gedicht ausschließlich auf Rohrbach und seine Liaison mit Käthchen bezieht, ist aber eher unwahrscheinlich. Vielmehr hat er vermutlich Jugenderinnerungen aus Schlesien mit den Erlebnissen aus seinen Heidelberger Studententagen vermengt. „Hier gibt es eine Straße, die nach dem Kühlen Grund benannt ist, aber die hat ihren Namen erst bekommen, nachdem Eichendorff schon lange tot war. Aber es ist sehr wohl so, dass wir hier in Rohrbach starke Fallwinde haben, die auch im heißen Sommer für eine angenehme Kühle sorgen. Er kann also mit dem kühlen Grund durchaus das Tal zwischen Alt-Rohrbach und Boxberg gemeint haben", erklärt der Vorsitzende des Stadtteilvereins. Auch mehrere Mühlen hat es im Ort gegeben, wovon eine, die Förstersmühle, Käthchens Onkel gehört hat.

Vermutlich hat sich Eichendorff mehrerer Erfahrungen und seiner dichterischen Freiheit bedient, als er die Zeilen über den kühlen Grund, das Mühlrad und das zerbrochene Ringlein schrieb. Das tut der Idylle in der Rathausstraße mit ihrem Wasserlauf und der Brunneninschrift jedoch keinen Abbruch.

Heike Thissen

So geht's zur Brunneninschrift:

Der Wasserlauf, an dessen Brunnen das Zitat aus Eichendorffs Gedicht angebracht ist, befindet sich in der Rathausstraße von Rohrbach.

23

Eisenhaken

Die Straße war einfach zu eng

Hufgeklapper auf den Pflastersteinen. Lautes Quietschen in den Kurven: Beides war lange Zeit in der Heidelberger Hauptstraße allgegenwärtig – als die Straßenbahn hier noch verkehrte. „Das kann man sich gar nicht mehr vorstellen, die Straße ist ja ohnehin ziemlich eng", staunt Stadtkennerin Isabel Ritter-Göhringer. „Wenn hier nun auch noch die Straßenbahn hindurchfuhr, war das teilweise schon sehr gedrängt." Faszinierend findet sie, dass die Straßenbahn Spuren hinterlassen hat: „Die ehemaligen Gleisbetten hat man zum Beispiel am Marktplatz mit einer helleren Pflasterung versehen. Und an vielen Häusern hängen noch eiserne Rosetten, manche mit Haken. Von ihnen wurden die Oberleitungen für die Straßenbahn gehalten." Das war freilich erst so, nachdem aus der Pferde- eine elektrische Bahn geworden war.
Die Idee einer Pferdebahn hielt 1871 in Heidelberg Einzug. Doch es

blieb zunächst nur bei der Idee: Als ein gewisser Gabriel Graf Diodati und zwei Mitstreiter beim Gemeinderat ein „billiges, bequemes und zeitsparendes Transportmittel" beantragten, waren die Räte ganz und gar nicht begeistert. Immer wieder wurden in den Folgejahren Konzessionen beantragt, immer wieder wurden sie abgelehnt, nicht zuletzt, weil die in der Hauptstraße ansässigen Geschäftsleute sich massiv sträubten – sie fürchteten, eine solche Bahn könne sie behindern und deren Zugtiere obendrein noch ihre stinkenden Pferdeäpfel vor ihren Geschäften hinterlassen.

Noch zwölf Jahre – bis März 1883 – sollte es dauern, bis die Konzession für eine Pferdebahn unter strengen Auflagen erteilt wurde, zwei Jahre später ging dann die *Heidelberger Straßen- und Bergbahn-Gesellschaft Leferenz und Co.* an den Start. Philipp (1845-1930) und Johannes Leferenz (gest. 1895) fackelten nicht lange, sondern begannen umgehend mit den Bauarbeiten. Und schon zwei Monate später war regelmäßig zwischen dem Hauptbahnhof und dem Marktplatz Hufgeklapper zu hören, wenn die Pferde die Fahrgäste der Bahn transportierten. Auch dem Ingenieur Charles de Feral kommt eine wichtige Rolle zu.

„Die Straße ist ja ohnehin ziemlich eng. Wenn hier nun auch noch die Straßenbahn hindurchfuhr, war das teilweise schon sehr gedrängt."

Dem Buch *Straßenbahnen in Heidelberg* ist zu entnehmen, dass sich „diese Urväter der Heidelberger Straßenbahn- und Bergbahn" bald zusammentaten. Und sie hatten Erfolg: Am 13. Mai 1885 fand die erste offizielle Fahrt zwischen Hauptbahnhof und Marktplatz statt und die Heidelberger Zeitung berichtete: „Die Fahrt ging glatt von statten, abgesehen von einer bei der Rückfahrt eintretenden Entgleisung eines Waggons, die aber im Augenblick behoben war und kaum irgendeinen Aufenthalt verursacht hatte." Das Netz wurde immer mehr erweitert, zum 31. Mai 1885 konnte man schon bis zum Karlstor fahren, „zwischen 6.40 Uhr und 21.18 Uhr kam nun alle sechs Minuten eine Pferdebahn", ist weiter nachzulesen. Auch die Händler konnten beruhigt werden: „In der engen Hauptstraße waren zwei Gleise verlegt, von denen aber vormittags nur das nördliche und nachmittags nur das südli-

che Gleis befahren wurde. Mit dieser Lösung umfuhr die Straßenbahn geschickt die Bedenken der Anlieger. Die befürchteten Schäden und Störungen blieben aus." Also wurde die Bahn immer
weiter ausgebaut.

Im Sommer 1886 fuhr die Pferdebahn auf einer 3,7 Kilometer
langen Strecke, 31 Pferde und 24 Mitarbeiter waren dafür zuständig, die nun von ihrer Pferdebahn begeisterten Heidelberger von A
nach B zu bringen. 1890 wurde dann auch die Bergbahn eröffnet,
der Betrieb boomte. „Deshalb hat man 1895 überlegt, die Pferdebahn durch eine Straßenbahn zu ersetzen", schildert Ritter-Göhringer den Beginn der weiteren Entwicklung. „Aber wie schon bei der
Konzession für die Pferdebahn gab es auch hier so viele Diskussionen, dass es noch lange dauerte, bis es so weit war." Die Elektrifizierung war aber nötig – auch aus anderem Grund: „Es lief nicht
immer so rund mit der Straßenbahn", erklärt die Gästeführerin.
„Da hat man in Heidelberg sogar ein Lied drauf gedichtet, das ging
so: ‚Der eine Schimmel zieht nicht / der andere, der ist lahm / der
Kondukteur ist bücklich, / der Kutscher, der ist scheel / und alle
fünf Minuten / bleibt die Trambahn steh'n.'"

Als sie dann wirklich kam, gestaltete sich die Elektrifizierung
als eine Art Wettrennen zwischen zwei Straßenbahngesellschaften:
„Die Stadt Heidelberg genehmigte am 10. Oktober 1898 die Stromzuführung über eine elektrische Fahrleitung als am besten geeignetes System [...]", ist im Buch über die Straßenbahnen zu lesen.

„Deshalb hat man 1895 überlegt, die Pferdebahn durch eine Straßenbahn zu ersetzen."

„Da die geplante Verlegung des Haupt-
bahnhofes die Bedeutung der Straßen-
bahn erheblich zu steigern versprach, erwarb die Stadt Heidelberg
am 28. Februar 1901 drei Viertel der HSB-Aktien: Seit 1887 fir-
mierte die Straßenbahn als *Heidelberger Straßen- und Bergbahn-
AG*, kurz HSB." Dahinter stand das Ziel, die „volle Beherrschung
des Unternehmens für alle Zukunft zu gewährleisten", so die Vor-
lage für die entscheidende Stadtratssitzung vom 18. Februar 1901.
„Zu diesem Zeitpunkt aber baute ein anderes Unternehmen bereits
an einer elektrischen Vorortbahn von Heidelberg nach Wiesloch."

Am 23. Juli 1901 aber war es so weit und die Straßenbahn fuhr zunächst zwischen Wiesloch und dem Friedhof in Heidelberg. Und am 21. Oktober konnten die Wieslocher sogar bis zum Hauptbahnhof fahren!

Im März 1902 begann die HSB mit dem Bau der elektrischen Straßenbahn, zu dem es auch gehörte, in Hauswänden Haken zu installieren, an denen die Oberleitungen befestigt wurden. Die Fahrgäste mussten nicht mehr lange warten, bis sie die elektrische Straßenbahn auch nutzen konnten: Sie verkehrte bereits wenige Wochen später zwischen dem Friedhof und dem Hauptbahnhof. Auf den restlichen Strecken mussten die Pferde aber noch ihren Dienst tun, sie konnten sich erst ab Oktober in ihre Ställe zurückziehen. Am letzten Tag durften sie dann aber noch Wägen ziehen, die zum Abschied über und über mit Blumen geschmückt waren. Und am 7. Oktober 1902 berichtete die Zeitung über das Ende der Pferdebahn und deren Zugtiere: „Sang- und klanglos mussten sie heute der rastlos vordringenden Kraft unseres Zeitalters, der Elektrizität, weichen. Stolz wie ein Spanier und mit Fähnchen geschmückt gleitet seit heute Morgen die Elektrische durch die Hauptstrasse." Aber auch jetzt fuhr die Straßenbahn, die im Sechs-Minuten-Takt verkehrte, wochentags eher ein- als zweigleisig: Morgens auf dem nördlichen und mittags auf dem südlichen Gleis – der Enge wegen. Sonn- und Feiertags fuhr sie zweigleisig und im Vier-Minuten-Takt. „In den Sommermonaten wurden an solchen Tagen sogar die alten offenen Pferdewagen angeboten, um dem Ansturm zu genügen", ist in dem Straßenbahn-Buch nachzulesen. Die Pferde hatten also noch nicht zur Gänze ausgedient.

Bis zum Ersten Weltkrieg wurden die Strecken immer weiter aus-

Isabel Ritter-Göhringer auf dem ehemaligen Gleisbett der Straßenbahn.

gebaut, während des Krieges galt ein Kriegsfahrplan und die HSB hatte große Schwierigkeiten, ausreichend Mitarbeiter zu finden: Gleich nach Kriegsbeginn war das Personal der HSB um mehr als die Hälfte reduziert, und es sollten noch mehr Männer einberufen werden. Und so geschah auch in Heidelberg, was in ganz Deutschland Realität wurde: Frauen wurden eingestellt, zunächst nur als Schaffnerinnen, dann aber auch am Steuer. Im dritten Kriegsjahr, 1917, musste der Fahrplan weiter reduziert werden.

Doch ein Jahr nachdem in Deutschland wieder Frieden eingekehrt war, kam der Boom: 16,7 Millionen Menschen fuhren 1919 mit der Straßenbahn, etwa doppelt so viele wie im Vorjahr. Und das trotz andauernder Kohleknappheit und nach wie vor eigeschränktem Fahrplan. Aber der Boom hielt nicht lange an: Die Inflation in den 1920er-Jahren ging natürlich auch an der Straßenbahn nicht spurlos vorbei, von November 1923 bis Januar 1924 musste sie sogar ihren Betrieb einstellen. Dann jedoch ging es wieder bergauf, und im Herbst 1925 verkehrte die Straßenbahn wieder genauso oft wie vor dem Krieg. Es folgten Erweiterungen, zum Beispiel nach Wieblingen und nach Schwetzingen, zeitweise, zwischen 1930 und 1931, gab es auch einen Verkehr im Sieben-Minuten-Takt nach Rohrbach. Im Jahr 1928 fuhr die Straßenbahn auf den Stadtlinien im Sechs-Minuten- und auf der Hauptstraße sogar im Vier-Minuten-Takt.

Im Zweiten Weltkrieg stand die HSB vor dem gleichen Problem wie im Ersten: Personalmangel. Und das, obwohl unmittelbar nach Kriegsausbruch wieder Schaffnerinnen eingestellt wurden. Zwar nutzten während des Krieges besonders viele Menschen die Straßenbahn, dennoch musste, je länger der Krieg dauerte, der Verkehr eingeschränkt werden – es gab einfach zu wenig Material, das man unter anderem für dringend notwendige Reparaturen benötigt hätte. Als die Amerikaner am 29. März 1945 einmarschierten und die Neckarbrücken gesprengt wurden, konnten vorerst keine Straßenbahnen mehr verkehren – doch die Heidelberger ließen sich nicht unterkriegen: Schon sechs Wochen später gab es einen notdürftigen Straßenbahnverkehr, und im Herbst fuhren bis auf eine (die zur chirurgischen Klinik) die Straßenbahnen auf allen Linien wieder.

Es war wie überall: In der Mitte des letzten Jahrhunderts konnten sich immer mehr Menschen ein Auto leisten, was die öffentlichen Verkehrsmittel weniger attraktiv werden ließ. „Immer mehr Linien wurden stillgelegt und durch Omnibusse ersetzt", sagt Isabel Ritter-Göhringer. Eine Finanzkrise der HSB tat ein Übriges. „Ganz verzichten wollten die Heidelberger auf ihre Straßenbahn aber nicht, sie fährt ja noch heute und wird gut genutzt", bemerkt die Gästeführerin. „Aus der Hauptstraße ist sie allerdings verschwunden, man wollte eine Fußgängerzone ohne Straßenbahnverkehr, das war im Jahr 1976. Wenn man zum Rathaus will, muss man nun mit Bussen außen um die Innenstadt herumfahren." Isabel Ritter-Göhringer ist mit der neuen Lösung aber ganz und gar einverstanden: „Wenn ich mir vorstelle, dass in diesen engen Straßen auch noch eine Straßenbahn unterwegs ist, wird mir ganz anders."

Auch wenn sie verschwunden ist: Vergessen ist die Straßenbahn in der Hauptstraße ja nicht. Dafür, sie in Erinnerung zu behalten, sorgen die prominent aufgepflasterten Gleisbetten. Und die Rosetten an den Häusern künden stumm von den Zeiten, als die Fußgänger sich die Hauptstraße noch mit der Straßenbahn teilen mussten.

Eva-Maria Bast

....

So geht's zum Eisenhaken:

Straßenbahnrosetten sind in der Hauptstraße an mehreren Häusern zu entdecken. Die ehemaligen Gleisbetten kann man anhand der andersfarbigen Pflasterung erkennen – zum Beispiel vor dem Hotel Ritter.

24

Adler-Schild

Pfannkuchenglück für Johannes Brahms

L iebe geht bekanntlich durch den Magen. Das wusste schon der Komponist, Pianist und Dirigent Johannes Brahms (1833-1897). Bei ihm trugen die ausgezeichneten Kochkünste einer Ziegelhauser Köchin einen großen Teil zu seiner tiefen Zuneigung für den Heidelberger Stadtteil bei. Davon erzählt Elizabeth Ehrenfried, die nicht nur Vorsitzende des Ziegelhauser Stadtteilvereins ist, sondern auch eine große Bewunderin von Brahms. Deshalb kennt sie sich mit der Zeit, die er in ihrem Heimatort verweilte, auch sehr gut aus. Sie sagt: „Als Brahms den Sommer 1875 hier in Ziegelhausen verbrachte, ging er jeden Tag im *Adler* essen. Das war damals ein sehr bekanntes Haus." Das Gasthaus selbst gibt es nicht mehr. Aber das Wirtshausschild mit dem Adler, das an die Tage erinnert, als Brahms und viele andere die ausgezeichnete Küche genossen, ist noch immer an der Hauswand des Gebäudes zu sehen.

„Brahms war damals auf der Suche nach einer schönen Gegend, um eine schöpferische Pause einzulegen und sich inspirieren zu lassen", erzählt die ausgebildete Opernsängerin. Vermutlich waren es seine guten Freunde, der Komponist und Dirigent Robert Schumann (1810-1856) und seine Ehefrau, die Pianistin und Komponistin Clara Schumann geb. Wieck (1819-1896), die den damals 42-Jährigen auf die Idee brachten, nach Ziegelhausen zu gehen.
Brahms liebte die Natur, ein Leben ohne Waldspaziergänge hätte er sich nur schwer vorstellen können. „Sie wissen gar nicht, was Sie versäumen, wenn Sie nicht früh um fünf Uhr in den Wald gehen", soll er einmal zu Eugenie, einer Tochter der Schumanns, gesagt haben. In Ziegelhausen fand er alles, wonach er sich sehnte: „Ich brauche absolute Einsamkeit, nicht sowohl um das mir Mögliche zu leisten, sondern um nur überhaupt an meine Sache zu denken. Das liegt an meinem Naturell", schrieb er einmal in einem Brief.

....

Das Gebäude wird heute anderweitig genutzt, das Schild erinnert immer noch an das Gasthaus, in dem Brahms gern speiste.

Bevor der damals bereits berühmte Komponist diesen Sommer am Neckar verbrachte, war er bereits sechs Mal in Heidelberg gewesen. Doch die Studentenstadt mit ihren vielen Besuchern war ihm zu unruhig und voll. Also bevorzugte er für seine Sommerfrische als Ort Ziegelhausen und als Unterkunft das Landhaus des Kunstmalers und ehemaligen Kammersängers Anton Hannossek (1809-1881), der unter dem Namen „Hanno" bekannt war. „In Eile will ich mitteilen, daß ich ganz reizend in Ziegelhausen bei Heidelberg wohne. [...] Hoffentlich habt Ihr jetzt so schöne Tage wie ich hier am Neckar; dann genießt sie recht – wie ich es auch thue, ich laufe viel herum!", berichtete Brahms seiner Mutter nach seinem Einzug in dem heutigen Ortsteil. „Das Haus in der Kleingemünder Straße steht heute nicht mehr, es wurde abgerissen", sagt Elizabeth Ehrenfried bedauernd.

Ein anderes Gebäude, in dem Brahms damals viel Zeit verbrachte, steht aber noch: das ehemalige Gasthaus *Adler*, gekennzeichnet durch ein entsprechendes Wirtshaus-Schild. Hier kehrte der Komponist gern mittags ein, um sich an der gutbürgerlichen Küche zu stärken. „Und hierzu gibt es die ganz entzückende Geschichte", erzählt Elizabeth Ehrenfried, „dass die Köchin ihm gern einen Pfannkuchen aus sechs Eiern gebacken hat und er davon so begeistert war, dass er ihr einen Walzer komponierte und ihn gleich auf dem Klavier vorspielte." Die so mit Dank Bedachte erinnerte sich noch Jahre später an diese ganz besonderen Momente: „Und wenn er spielte, het mer kei Händ g'sehe." Die Gäste, die ihm lauschten, wagten wohl kaum zu atmen.

„Als Brahms den Sommer 1875 hier in Ziegelhausen verbrachte, ging er jeden Tag im Adler essen."

Elizabeth Ehrenfried hat selbst gern die Werke des Komponisten gesungen. Besonders am Herzen liegt ihr noch heute das bewegende Liebeslied *Trennung*. Die erste Strophe beginnt mit den Worten: *Da unten im Tale / Läuft's Wasser so trüb / Und i kann dir's net sagen, / I hab' di so lieb.* Die letzte Strophe lautet: *Für die Zeit, wo du g'liebt mi hast, / Da dank i dir schön / Und wünsch', daß dir's anderswo / Besser mag gehn.* „Ich hab mir beim Singen immer gedacht, dass Brahms dabei bestimmt den Neckar im Sinn hatte, das würde so gut passen", schwärmt die Opernsängerin.

Etliche Lieder mit Klavierbegleitung, Stücke für Klavier- und Kammermusik aus jenem Sommer zeugen davon, dass Brahms' Erwartungen an die erholsame Wirkung der Landschaft und des Waldes nicht zu hoch gegriffen waren. Doch Brahms komponierte nicht nur, er verbrachte auch Zeit mit Freunden. „Sie sollten sich […] ein Stück ‚Welt' ansehen – ich meine natürlich das Stück, auf dem Ziegelhausen steht", schrieb er beispielsweise an eine seiner Schülerinnen. Und sie folgten dieser Aufforderung gern: Hofkapellmeister, Dirigenten und Verleger kamen auf einen Besuch vorbei, Opernsängerinnen sangen in Ziegelhausen seine Lieder, und auch seine Vertraute

„Brahms blieb insgesamt vier Monate und reiste Mitte September wieder zurück nach Wien."

Clara Schumann ließ es sich nicht nehmen, ihm mit ihren Töchtern einen Besuch abzustatten. Dabei sprachen sie seine neuesten Werke durch und musizierten zusammen.

„Brahms blieb insgesamt vier Monate und reiste Mitte September wieder zurück nach Wien", erzählt Elizabeth Ehrenfried. Einen ganzen Sommer lang war er unter dem Schild mit dem Adler ein- und ausgegangen. Und das macht Elizabeth Ehrenfried noch nach mehr als 140 Jahre stolz.

Heike Thissen

....

So geht's zum Adler-Schild:

Das ehemalige Gasthaus Adler, in dem Brahms seinen Sechs-Eier-Pfannkuchen genoss, steht in der Kleingemünder Straße in Ziegelhausen.

25

Grabmal

Die große Frau an seiner Seite

D er Künstler hat sich viel Mühe gegeben, um den unangenehmen Umstand zu vertuschen. Und sie hat sich ausge-
zahlt. Denn man muss das Grabmal von König Ruprecht
III. (1352-1410) und seiner Frau Elisabeth von Hohenzol-
lern-Nürnberg (1358-1411) in der Heiliggeistkirche schon sehr genau
ansehen, um es zu bemerken: Der Steinmetz hat offenbar alles dar-
angesetzt, um es so aussehen zu lassen, als sei der König gleich groß
wie seine Frau. Dabei war er in Wirklichkeit deutlich kleiner als sie.
„Das geht natürlich nicht, dass ein mächtiger Mann wie der König
von seiner Frau überragt wird", sagt Pfarrer Dr. Vincenzo Petracca
schmunzelnd. „Wie sie das im Alltag geregelt haben, ist mir nicht
bekannt, und man weiß auch nichts darüber, ob sich das irgendwie
auf ihre Ehe ausgewirkt hat."

In der Kunst ließ sich der unvorteilhafte Größenunterschied
des Paares allerdings ganz gut vertuschen. Auf dem Grabmal wirken die Figuren gleich groß, erst bei eingehender Betrachtung
bemerkt man einen winzigen Unterschied oder auch Verschiebun-
gen in den Proportionen – an Details wie der Höhe der Kronen, der
Länge der Gewänder und auch dem Umstand, dass der Löwe, auf
dem Ruprecht steht, deutlich größer ist als der Hund, der unter
ihren Füßen ruht. Die Darstellung der beiden Tiere macht aber
nicht stutzig, sie ist sehr häufig auf mittelalterlichen Epitaphien zu
finden. Immer steht der Mann auf einem Löwen, der die Stärke, und
die Frau auf einem Hund, der die Treue symbolisiert. Praktisch für
Ruprecht III., dass der Löwe von Haus aus meist deutlich größer ist
als der Hund. Auf dem Grabmal wird die Macht des Königs obendrein noch durch die Reichsinsignien dargestellt, die er in seinen
Händen hält, während sie eine betende Haltung einnimmt.

Betrachtet man verschiedene Gemälde des Königspaares, fällt
auf, dass nicht nur der Steinmetz, der mit der Erstellung des Grab-

*Pfarrer Dr. Vincenzo Petracca kennt das Geheimnis dieses Grabmals
und zeigt mit den Händen, worum es geht: einen Größenunterschied.*

mals betraut war, ganz genau wusste, was er tat, sondern dass dies auch für die zeitgenössischen Porträtmaler galt: Auf mehreren Darstellungen ist Elisabeth mit geneigtem Kopf dargestellt, was sie deutlich kleiner wirken lässt und dazu führt, dass sie ihren Gatten eben nicht überragt.

Das folgt einer tiefen Logik mittelalterlicher Darstellungen, die auch immer den Rang einer Person berücksichtigen. Bei Abbildungen der „Heiligen Anna Selbdritt" wird Anna, Marias Mutter, wesentlich größer gezeigt, Maria kleiner, sie befindet sich unter dem schützenden Mantel ihrer Mutter. Und das nicht deshalb, weil sie noch ein Mädchen wäre, sondern weil Anna die Schützende ist. Ähnlich ist es bei Altären, auf denen auch die Stifter zu sehen sind: Sie sind klein im Verhältnis zu den Heiligenfiguren.

Weil die Größe in einer Darstellung etwas mit dem Rang zu tun hat, kann also die Gattin eines Königs nicht größer dargestellt werden als dieser selbst. Da Elisabeth Ruprecht standesmäßig aber ebenbürtig war, ist eine Darstellung in gleicher Größe aus der Sicht des mittelalterlichen Kunstverständnisses korrekt. Und so sind sie ja im Grunde auf dem Grab dargestellt, in dem sie aber nicht wirklich bestattet sind. „Das ist das nächste Geheimnis", sagt Vincenzo Petracca und freut sich. „Genau gesagt, weiß man gar nicht, wo sie bestattet sind – nur, dass ihre Gebeine irgendwo in den sieben Särgen unter dem Kirchenboden ruhen."

Durch ein paar Tricks des Steinmetzes wirken Ehemann und Ehefrau fast gleich groß.

Damit hat es folgende Bewandtnis: Ursprünglich befand sich das Grab des Königspaars mitten im Chor unter dem Reichsadler. „Man findet in einer deutschen Kirche den Reichsadler nur, wenn dort ein König oder ein Kaiser bestattet liegt", sagt der Pfarrer. „Im Mittelalter war rechts und links an den Seiten das Chorgestühl, in dem die Mönche saßen und beteten – sieben Mal am Tag – gewissermaßen über das Grab hinweg." Dadurch hätten der König und seine Frau im Grunde an den Gebeten teilgenommen. Später, berichtet der Pfarrer der Heiliggeistkirche, sei das Königsgrab in Vergessenheit geraten, und als es im 19. Jahrhundert erstmals wieder geöffnet wurde, sei nicht bekannt gewesen, dass es sich um selbiges handelte. „1979 wurde dann eine richtige Denkmalsünde begangen", erzählt er weiter. „In diesem Jahr wurde hier in der Kirche eine Hei-

„Wie sie das im Alltag geregelt haben, ist mir nicht bekannt, und man weiß auch nichts darüber, ob sich das irgendwie auf ihre Ehe ausgewirkt hat."

zung eingebaut und die Gebeine, die man fand, in Kartons zunächst auf den Dachboden gebracht und dann, sehr viel später, in sieben Zinnsärgen nachbestattet." Und man fand viele Gebeine: „Diese Kirche, also der Chorraum, war bis 1720 die Grablege der Kurfürsten von der Pfalz, 54 Kurfürsten der Pfalz liegen hier begraben, mitsamt ihren Angehörigen", erklärt der Geistliche.

Deshalb ruhen der König und die Königin also gar nicht in dem Grabmal, das ihres ist. Petracca kommentiert: „Aber sie liegen mit ihren Nachfahren in den Zinnsärgen und haben dort alle zusammen ihren Frieden." Und immerhin befinden sich die Gebeine des Königs nach wie vor in der Kirche, deren Chor er eigens hatte erweitern lassen. Doch das ist ein anderes Geheimnis, das wir bereits ab Seite 59 erzählt haben.

Eva-Maria Bast

....

So geht's zum Grabmal:

Es befindet sich in der Heiliggeistkirche am Übergang zwischen Chor und Langhaus auf der Nordseite. Die Heiliggeistkirche steht auf dem Marktplatz.

26

Bismarcksäule

Ein deutschlandweites Zeichen der Erinnerung

Auf dem Philosophenweg gehen jedes Jahr Tausende Menschen spazieren, Heidelberger und Gäste gleichermaßen. Mit seinen Gärten, Bänken und beeindruckenden Ausblicken auf die Stadt, das Schloss und den Königstuhl ist er eine der Hauptattraktionen der Stadt. Von hier ist es nur ein kurzer Weg zur Bismarcksäule, die viele Wanderer ebenfalls besuchen. Seit mehr als 100 Jahren steht sie am Südhang des Heiligenbergs. Und so manch einer fragt sich: Warum eigentlich?

Mit ihrer Bismarcksäule standen die Heidelberger Anfang des 20. Jahrhunderts nicht allein da – im Gegenteil. Noch zu Lebzeiten Otto von Bismarcks (1815-1898), preußischer Ministerpräsident ab 1862 und Reichskanzler von 1871 bis 1890, aber erst recht nach seinem Tod entstanden zur Erinnerung an ihn und seinen Mythos im ganzen Reich Denkmäler. Ein wahrhafter Kult brach aus. Und um diesen in geordnete Bahnen zu lenken, startete die Deutsche Studentenschaft noch in seinem Todesjahr einen Aufruf: „[…] so wollen wir unserem Bismarck zu Ehren auf allen Höhen unserer Heimat, von wo der Blick über die herrlichen deutschen Lande schweift, gewaltige granitene Feuerträger errichten. Überall soll als ein Sinnbild der Einheit das gleiche Zeichen entstehen von ragender Größe, aber einfach und prunklos in schlichter Form auf massivem Unterbau."

Es waren einheitliche Gedenkfeuer für Bismarcks Geburtstag am 1. April und für die Sommersonnwende am 21. Juni geplant. Die lodernden Flammen sollten verkünden, dass Bismarck und sein Werk nicht vergessen sind. Der junge Architekt Wilhelm Kreis (1873-1955) gewann den Wettbewerb um den besten Entwurf. Insgesamt 47 Bismarcktürme sind in den Folgejahren nach seinem Modell, das er „Götterdämmerung" nannte, deutschlandweit entstanden – einer davon auf dem Heidelberger Heiligenberg.

Der Bismarckturm ist ein beliebtes Ausflugsziel oberhalb des Philosophenweges. Doch was er bedeutet, wissen die wenigsten Besucher.

Daran, dass die Stadt am Neckar unbedingt eine Gedenkstätte für Bismarck brauchte, bestand für den damaligen Ersten Bürgermeister Ernst Friedrich Joseph Walz (1859-1941) und die Mitglieder eines eigens dafür gegründeten Komitees überhaupt kein Zweifel. „Wo könnte auch ein solches Wahrzeichen deutscher Größe und Stärke besser ausgerichtet werden, denn in einer Stadt, die als Hüterin der ältesten deutschen Hochschule jederzeit lebendig eintrat für Deutschlands Größe, und in deren Mauern sich Musensohn und Bürger stets zusammengefunden in vorbildlicher Liebe und Treue zu dem größesten Deutschen", schrieben sie in einem Aufruf an die Leserschaft in der Heidelberger Zeitung vom 3. Juni 1899. „Wo besser könnte die ragende Säule emporstreben, als an den Abhängen des Odenwaldes, am Ausgange des lieblichen Neckarthales,

„Möge der lodernde Brand auf der Berges-kuppe eine hehre War-nung für uns alle sein [...] immerdar treu festzuhalten an dem, was Bismarck für uns errungen."

das so oft der fremden Eroberer schwere Hand gefühlt zu den Zeiten deutscher Ohnmacht und Zerrissenheit, im Angesichte der schicksalskundigen Burg, hinausschauend in das gesegnete Land, das mächtig emporblüht unter eines deutschen Reiches Schutz."

Drei Wochen später hatten die Heidelberger bereits 5.500 Mark für die Bismarcksäule gespendet. Doch die veranschlagten Baukosten für das Modell von Kreis beliefen sich auf 16.000 Mark. Also entschied sich der studentische Ausschuss im Herbst, ein Festspiel zu Gunsten des geplanten Denkmals zu veranstalten. An vier Abenden im Mai 1900 zeigten Studenten „lebende Bilder" und sammelten 2.800 Euro für den Fonds ein – und ein Jahr später war die Spendenkasse mit 13.000 Mark gefüllt. Der Bau konnte beginnen.

Unter Baumeister Georg Busch entstand ab Juli 1902 ein 15 Meter hoher Aussichtsturm aus rotem Sandstein, der auf einem quadratischen Podest mit einer Seitenlänge von 6,75 Metern steht. Wie es der Entwurf der „Götterdämmerung" vorsieht, ist das Bauwerk schlicht gehalten und besteht aus Dreiviertelsäulen an den Ecken. Der einzige Schmuck befindet sich an der Südseite der Säule und zeigt einen in Stein gehauenen Reichsadler, der die Schlange der Zwietracht bändigt. Oben auf dem Turm wurde eine 800 Kilo schwere Feuerschale aus Gusseisen angebracht. Um hier ein weithin sichtbares Feuer zu entfachen, bedurfte es etlichen Materials: Ein Gemisch aus 100 Kilo Talg, 150 Kilo Garn, Flachs und Hanf, zwölf Kilo Pechkränzen und Pechfackeln sowie 80 Liter Erdöl waren jedesmal nötig, um eine Flammenhöhe von vier bis fünf Metern und eine Brenndauer von rund einer Stunde zu erreichen. Als man mit der Höhe der Flammen und deren Wirkung nicht mehr zufrieden war, stellte man in die Feuerschale ein vier Meter hohes Gestell, an dem Brennmaterial befestigt wurde. 19.600 Mark kostete der von Studenten und Bürgern finanzierte Bau letztendlich.

Am Montag, den 19. Januar 1903, fand die feierliche Einweihung statt, von der die Heidelberger Zeitung am Folgetag berichtete: „Um 5 Uhr stellte sich der studentische Fackelzug am Karlsplatz auf und zog dann durch die Hauptstraße über die Neue Brücke den Philosophenweg hinauf." Ihm dabei zuzusehen, wie er den Berg erklimmt, muss ein beeindruckendes Schauspiel gewesen sein: „Der Anblick war nicht nur neu, er war nach übereinstimmendem Urteil auch sehr schön", ist in dem Beitrag weiter zu lesen. Und auch aus der Festrede des Bürgermeisters Walz geht das Pathos für das Vorhaben hervor: „Möge die Flamme, die heute in Erinnerung an den stolzesten Tag deutscher

Unweit des Philosophenwegs ragt die Säule hoch hinauf.

Geschichte zum erstenmale von der Säule sich zum Himmel erhebt, die Herzen Aller, die sie erschauen, mit emporreißen zu feuriger Begeisterung", rief er der anwesenden Festgesellschaft auf dem Heiligenberg zu. „Möge der lodernde Brand auf der Bergeskuppe eine hehre Warnung für uns alle sein, die wir heute hier versammelt sind, und für alle, die nach uns kommen, immerdar treu festzuhalten an dem, was Bismarck für uns errungen."

Bei dieser Errungenschaft handelte es sich um die Gründung des Deutschen Reichs im Zuge des Deutsch-Französischen Kriegs 1870/71. Es folgten zwei Weltkriege, die von diesem Deutschen Reich ausgingen. Umso bedeutungsvoller ist daher, was sechzig Jahre nach der Einweihung der Bismarcksäule geschah: „Am 22. Januar 1963 unterzeichnen der französische Staatspräsident Charles de Gaulle und Bundeskanzler Konrad Adenauer im Pariser Élysée-Palast den Vertrag über die deutsch-französische Zusammenarbeit. Der Vertrag wird zu einem der bedeutendsten Schritte auf dem Weg zur Aussöhnung der früheren ‚Erbfeinde'", ist in einer Veröffentlichung der Bundeszentrale für politische Bildung zu lesen.

„Die lodernden Flammen sollten verkünden, dass Bismarck und sein Werk nicht vergessen sind."

Wer mehr als ein Jahrhundert später vor der Bismarcksäule steht, kann nur schwer nachvollziehen, mit welcher Begeisterung sie 1903 eingeweiht wurde. Wendet man aber der Blick und schaut zum Schloss hinüber, wird man auch an die Verwüstungen während des Dreißigjährigen Krieges und an den für Heidelberg ebenso katastrophalen Pfälzischen Erbfolgekrieg (1688-1697) denken.

Die Säule erinnert noch heute zumindest mit ihrem Namen an Otto von Bismarck, selbst wenn nur wenige Wanderer die Motive kennen, denen sie ihre Entstehung verdankt. Besondere Beachtung verdient die Schlange der Zwietracht: Möge sie gebändigt und die Freundschaft erhalten bleiben.

Heike Thissen

So geht's zur Bismarcksäule:

Die Bismarcksäule steht oberhalb des Philosophenwegs, Philosophenweg 27.

Susanne Kahlig weiß: In den kleinen Rosetten am rechten der beiden Häuser befinden sich Hundeköpfe.

27

Hundeköpfe

Innige Beziehung zwischen Mensch und Tier

So, wie es für jeden Topf den richtigen Deckel gibt, gibt es auch für jeden Menschen das richtige Haus. Für die Eigentümer des Gebäudes Klingentalstraße 2 hätte das ihre passender kaum sein können: Als sie nämlich vor vielen Jahren in das herrschaftliche Gebäude einzogen, befanden sich an dem Haus auf Höhe des ersten Stockwerks mehrere aus Stein gehauene Hundeköpfe, die zufälligerweise genauso aussahen wie der Hund, den die Familie hatte – ein Weimaraner. Was aber hat es mit den acht Hundeköpfen auf sich?

Gästeführerin Susanne Kahlig hat sie eines Tages zufällig entdeckt und seither versucht, diesem Geheimnis auf die Spur zu kommen. „Das Haus ist in der Mitte des 19. Jahrhunderts von einem Mann namens Philipp Reichert gebaut worden", erzählt sie. „In den

Unterlagen findet sich aber nichts über die Köpfe. Was mir relativ schnell klar war, ist, dass es sich bei den Hunden um Jagdhunde handelt. Da das Haus direkt an einen Wald angrenzt, dachte ich

Zwei der acht Hundeköpfe.

zunächst, dass die Hunde apotropäisch, also abwehrend, gemeint sind", (siehe Geheimnis 40). In diesem Fall hätten die Hundeköpfe, dem Grundsatz „Gleiches mit Gleichem" folgend, Hunde oder Wölfe, die sich möglicherweise im Wald aufhielten, abwehren und die Bewohner vor ihnen schützen sollen. Inzwischen hat Susanne Kahlig aber erfahren, dass die früheren Eigentümer des Hauses Jäger waren. „Ich bin mir fast sicher, dass die Hunde ausschließlich zur Zierde dienten – weil die Hausherren zum einen echte Hundeliebhaber, zum anderen aber auch als Jäger sehr intensiv mit ihren Tieren verbunden waren", sagt Susanne Kahlig. „Vielleicht sollten sie aber auch zusätzlich auf den Beruf der Eigentümer hinweisen."

Dass mehr als ein Jahrhundert später ein Hund in das Haus einziehen sollte, der den steinernen wie aus dem Gesicht geschnitten war, ist gewiss Zufall. Aber ein schöner. Und wer weiß, vielleicht handelt es sich bei dem – inzwischen leider verstorbenen – Hund der heutigen Eigentümerfamilie ja um einen Nachfahren der Tiere, die einst für die Hundeköpfe Modell standen.

Eva-Maria Bast

So geht's zu den Hundeköpfen:

Sie hängen am Haus Klingenteichstraße 2 auf Höhe des 1. Stockwerks.

Eine Inschrift, die rührt: Der kleine Kaspar starb noch am Tag seiner Geburt. Doch das ist nicht die einzige Tragik hinter diesem Relikt.

28

Kaspar-Job-Inschrift
Der erste Tote auf dem Bergfriedhof

Die Geschichte, die hinter diesem Grabstein auf dem Bergfriedhof steckt, berührt Eltern von kleinen Kindern ganz besonders. *Kaspar Job geb. u. gest. am 19. Mai 1844. Er war der Erste auf dem Friedhof* lautet die Inschrift auf dem Sockel des Familiengrabs. Sie ist nur zu lesen, wenn sich die Bodendeckerpflanzen auf der Ruhestätte nicht gerade daranmachen, den Grabstein hinaufzuwachsen. Doch dafür, dass die Tafel nicht gänzlich verdeckt wird und in Vergessenheit gerät, sorgt Wolfgang Becker. Dem Technischen Leiter der Heidelberger Friedhöfe liegt diese Ruhestätte besonders am Herzen.

„Dass hier ein Kind offenbar noch am Tag seiner Geburt verstorben ist, ist ja schon an sich tragisch. Aber der Grund, warum es tatsächlich der erste Mensch war, der hier seine letzte Ruhe gefunden hat, ist fast noch herzzerreißender", beginnt er zu erzählen.

107

Denn Kaspar Job junior war der Sohn von Anna Job (1817-1891) und ihrem Mann Kaspar Job senior (1819-1895), dem ersten Friedhofsgärtner und Aufseher des Heidelberger Bergfriedhofs. „Das muss man sich mal vorstellen: Seine erste Aufgabe im neuen Amt bestand darin, sein eigenes Neugeborenes zu beerdigen", sagt Wolfgang Becker, ein passionierter Großvater, kopfschüttelnd. Vermutlich habe die Beisetzung am 21. Mai in aller Stille stattgefunden. Denn zu diesem Zeitpunkt war der damals neue Friedhof, der heute als eine der schönsten Begräbnisstätten Deutschlands gilt, noch gar nicht offiziell seiner Bestimmung übergeben worden. Das geschah erst vier Monate später am 18. September 1844.

Wolfgang Becker achtet darauf, das die Tafel gut zu lesen ist.

„Davor hatte es jahrelang zähe Verhandlungen zwischen den beiden christlichen Kirchen und dem Gemeinderat über den Friedhof an der Steige gegeben. Schon 1836 hatte man beschlossen, aus hygienischen Gründen einen kommunalen Friedhof außerhalb der Stadt anzulegen", sagt Becker. Erst drehten sich die Diskussionen um den richtigen Standort, und als hierfür der ehemalige Weinberg „Eisengrein" auserkoren war, ging es um die Leichenordnung. Diese regelte nicht nur den „Geschäftskreis" und die Mitgliedschaft in der sogenannten „Leichencommission", sondern auch die Befugnisse des Personals, den Ablauf der Bestattungen und der Trauerfeiern und vieles mehr. „Da wollte wahrscheinlich keine Partei den anderen zu viel Spielraum gewähren", vermutet der Friedhofsexperte, „sie konnten sich noch nicht einmal darauf einigen, von wem der Friedhofsaufseher bezahlt werden sollte." So kam es, dass der Friedhof – von Gartenbaudirektor Johann Metzger (1789-1852) auf 3,5 Hektar mit großer Akribie und Geschick angelegt – schon seit 1842 fertiggestellt war und trotzdem eineinhalb Jahre nicht benutzt wurde.

Und hier kommt Caspar Job sen. ins Spiel, der bereits in sein Amt bestellt war, als derlei wichtige Details immer noch nicht geklärt waren. Er wohnte mit seiner schwangeren Frau Anna – wie es für den Aufseher vorgesehen war – in einem Haus auf dem Friedhofsgelände. Im ersten Stock befand sich seine Wohnung, darunter Amtsräume, im Keller hielt er ein Pferd, eine Kuh und eine Ziege. „Die dienten ihm zur Selbstversorgung, halfen ihm aber auch bei der Pflege der Anlage, weil die Tiere das Gras fraßen, das überall spross", beschreibt Wolfgang Becker den Sinn der Tierhaltung.

Doch dann kam mit dem 19. Mai 1844 der Tag, an dem die Zwillinge geboren wurden, und nur die kleine Elise überlebte. Weil der Friedhof offiziell noch gar nicht eröffnet war, bekamen die Jobs eine Sondergenehmigung, um ihren Sohn trotzdem schon unweit ihrer Wohnung beisetzen zu dürfen. 34 Jahre lang betreute der Vater anschließend noch den Bergfriedhof, kümmerte sich um die Gärtnerarbeiten und gewährleistete, dass die Bepflanzung und die Ausschmückung der Gräber den Vorstellungen Johann Metzgers entsprachen. 34 Jahre, in denen er vermutlich täglich am Grab seines Sohnes vorbeikam. Dass dieser bereits einen eigenen Grabstein besaß, ist eher unwahrscheinlich. Vielmehr wurde der Hinweis wohl erst nachträglich auf dem Grab seiner Eltern angebracht.

„Natürlich kann man sagen, dass Kaspar Job streng genommen nicht der Erste auf dem Bergfriedhof war, weil dieser ja noch gar nicht als Begräbnisstätte genutzt wurde. Wenn man danach geht, fand die erste offizielle Beerdigung am 19. September 1844 statt", räumt Wolfgang Becker ein. An der Tragik, die sich hinter dem Grabstein der Familie Job verbirgt, ändern solche Spitzfindigkeiten aber rein gar nichts.

Heike Thissen

....

So geht's zur Kaspar-Job-Inschrift:

Die Inschrift, die an Kaspar Job erinnert, befindet sich auf dem Grabstein seiner Familie im Bereich Litera F des Bergfriedhofes Grab I/3.

29

Loch

Als es Steine regnete

Jetzt hat er in der Mauer, die den Hof der Gaststätte *Sudpfanne* abgrenzt, ein ruhiges Plätzchen gefunden. Aber bis es so weit war, hatte er ein ausgesprochen bewegtes Leben. Wenn Steine doch nur reden könnten – dieser hier hätte so viel zu erzählen! Da Steine der Sprache aber bekanntlich nicht mächtig sind, ist Dr. Dieter Jung so freundlich, diesem Exemplar seine Stimme zu leihen. Denn der Heidelberger hat dessen Geschichte ausführlich recherchiert oder besser: Er kann sie gut nachvollziehen. Schließlich liegt in seinem Garten ein Stein, der ganz ähnlich aussieht und ein ganz ähnliches Schicksal hinter sich hat. Der große Brocken plumpste eines Tages ganz einfach in Dieter Jungs Garten hinein, fiel sozusagen vom Himmel, ebenso wie viele andere Steine. „Man sagt ja auch, dass es einen richtigen Steinregen auf Heidelberg gab", schildert Jung den ungewöhnlichen Vorgang. Selbst gesehen hat er diesen Steinregen freilich nicht, Jung wurde erst Jahrhunderte später geboren. Und als er sein Haus kaufte, lag der Stein schon in dem dazu gehörenden Garten.

„Diese Steine stammen, ebenso wie viele andere, die in Heidelberg verbaut sind, vom Dicken Turm", sagt Dieter Jung. „Als der im Pfälzischen Erbfolgekrieg (1688-1697) zusammen mit dem Schloss im Jahr 1693 gesprengt wurde, flogen Tausende Tonnen von ihnen über die ganze Stadt. Den Bürgern, für die der Steinhagel freilich höchst gefährlich gewesen war und von denen auch einige verletzt wurden, wurde erlaubt, sie für ihre Häuser zu verwenden, deshalb sind die Steine mit den Löchern in der ganzen Stadt verbaut. Die Menschen konnten sie gut für den Häuserbau gebrauchen, weil im Pfälzischen Erbfolgekrieg auch viel zerstört worden war." Löcher? „Ganz genau", sagt Jung. „Erkennbar sind die Steine aus dem Dicken Turm daran, dass sie zwei dicke Löcher haben – auf jeder Seite eines. In die Löcher", erklärt der Experte, „griff eine große

Dr. Dieter Jung erklärt: Das Loch deutet darauf hin, dass dieser Stein einst im Dicken Turm verbaut war.

Zange. So konnte der Stein dann problemlos bewegt werden. Die Greifzange war an einem Aufzugsseil befestigt, das mittels einer Trettrommel gespannt werden konnte. Die beiden Greifer der Zange fassten in die Löcher des Steins, der durch Betätigen der Trommel nach oben gezogen und an seinem vorgesehenen Platz abgelegt werden konnte. Je schwerer der Stein war, desto fester griff die Zange über einen Hebelmechanismus zu.

Das Loch kündet von der Herkunft des Steines.

„Trotz dieser Methode war der Bauvorgang ausgesprochen langwierig und aufwändig. Und mehr als ein Jahrhundert später wurden die so mühevoll an Ort und Stelle platzierten Steine dann einfach in die Luft gesprengt. Dass es gelungen ist, „diesen Turm mit nur einem Zündschlag zu sprengen und ihn damit teilweise zu zerstören", findet Jung ganz enorm. Schließlich war der unter Kurfürst Ludwig V. (1478-1544) errichtete Turm, der zu den Befestigungsanlagen des Heidelberger Schlosses gehörte, mit seinen fast 40 Metern Höhe – an anderen Stellen ist von annähernd 30 die Rede –, mit bis zu sieben Meter dicken Mauern und einem Gesamtdurchmesser von 24 Metern ein echter Koloss.

Der Pfälzische Erbfolgekrieg, in dessen Zuge der Turm zerstört wurde, hielt die Stadt zunächst in den Jahren 1688 und 1689 in Atem, als französische Truppen unter Ludwig XIV. (1638-1715) die Kurpfalz nebst ihren Verbündeten angriffen. Das Heidelberger Schloss wurde im März 1689 in Mitleidenschaft gezogen, damals zündeten die Franzosen den Prachtbau und mehrere Gebäude in der Stadt an. Kurfürst Johann Wilhelm (1658-1716) ließ sich davon nicht schrecken und, nachdem die Franzosen abgerückt waren und er eingezogen war, das Schloss wiederaufbauen. Dann standen die Gegner 1691 und 1692 erneut vor Heidelberg. Doch war die Stadt inzwischen so wehrhaft, dass die Angreifer unverrichteter Dinge wieder abziehen mussten. Von Aufgeben konnte jedoch noch keine Rede sein: Am 22. Mai 1693 gelang den Franzosen die Eroberung. Nach der Kapitulation der Schlossbesatzung wurde das schon von der ersten Zerstörung sehr in Mitleidenschaft gezogene Schloss am

6. September durch Minen gesprengt. „Bei diesem Ereignis flogen auch die Steine durch die Gegend und das Schloss wurde in den Zustand versetzt, in dem man es heute kennt", sagt Jung. Der Philippsburger Kommandant des Bordes berichtete damals: „La moitié de la tour, 13, et traverse, 14, est renversée dans le fossé. Les voultes sont ruinéz." Zu Deutsch: „Die Hälfte des Turmes, 13, und die Traverse, 14, sind in den Graben gestürzt. Die Gewölbe sind zerstört."

Bevor der Stein an seinen heutigen Platz in die Mauer eingefügt wurde, war er also in einem Steinregen auf Heidelberg niedergeprasselt. Zuvor aber war er Zeuge gewesen, wie Franzosen in den Dicken Turm stürmten, alles zur Sprengung vorbereiteten und dann wiederkamen, um die Sprengladung zu zünden. So verheerend es war, war es doch auch „eine pyrotechnische großartige Leistung der Sprengmeister, denn von außen hätte das Schloss nie zerstört werden können, die sieben Meter dicken Mauern waren ein unüberwindbares Bollwerk", kommentiert Dieter Jung. Aber da man genau in die Seh-Schlitze den bereits in der Waffenkammer des Schlosses vorrätigen Sprengstoff platzierte und zeitgenau alle gleichzeitig gezündet wurden, kam es zu dieser furchtbaren Explosion." Zu der Zeit war der Stein schon einige Jahrzehnte im Turm verbaut gewesen: Die unteren Geschosse des Dicken Turms wurden wahrscheinlich bereits im 15. Jahrhundert errichtet, der Aufsatz mit seinen acht Ecken folgte erst um 1600 unter Kurfürst Friedrich IV. von der Pfalz.

Ja, wenn Steine reden könnten – was hätte dieser alles zu erzählen! Wie gut, dass Dr. Dieter Jung diesen Part für ihn übernommen hat.

Eva-Maria Bast

So geht's zum Loch:

Es befindet sich an der Mauer, die den Biergarten des Restaurants Sudpfanne von der Leyergasse abgrenzt, auf der Hofseite.

Fischbecken

Zum Frischhalten geeignet

Oberbürgermeister Prof. Dr. Eckart Würzner liebt das bunte Treiben in seiner Stadt – vor allem in den Sommermonaten, wenn direkt vor dem Rathaus die Café-Tische voll besetzt sind und Einheimische und Touristen in die Geschäfte ringsum strömen. „Rund um die Heiliggeistkirche war schon im Mittelalter nicht nur das geistliche, sondern auch das ökonomische Zentrum Heidelbergs. Die Ladeneinbauten, in denen heute zumeist Souvenirs verkauft werden, gab es schon damals. Sie wurden von Fleischern, Blumenhändlern oder Bäckern genutzt", beschreibt der Oberbürgermeister das althergebrachte Ambiente. Die Nordseite der Kirche sei hingegen einem Berufszweig vorbehalten gewesen, der heute aus der Stadt verschwunden ist: den Neckarfischern.

„Sie brachten ihren Fang vom Fluss herauf in die Stadt und verkauften ihn auf dem Platz, der noch heute Fischmarkt heißt – die Bezeichnung findet sich auch schon in Quellen aus dem 15. Jahrhundert", erzählt er. Dabei ist er nicht zu unglücklich darüber, dass der Fischmarkt ganz in der Nähe des Rathauses heute nicht mehr vorhanden ist: „Man kann sich vorstellen, dass der Geruch an dieser Stelle der Stadt sehr prägend gewesen sein muss."

Dafür, dass der 1487 erstmals erwähnte Fischmarkt nicht in Vergessenheit gerät, sorgt zum einen der so lautende Name des Platzes, zum anderen ein kleiner, unscheinbarer Brunnen aus rotem Sandstein, der in die Mauer der Heiliggeistkirche integriert und auf der Vorderseite mit vier Fischen verziert ist, die große Luftblasen erzeugen und auf dem Grund nach Nahrung suchen.

Der OB weiß: „Der Brunnen stammt aus dem Jahr 1957 und erinnert an einen Vorgängerbrunnen, der früher in der Mitte der nördlichen Langhauswand der Heiliggeistkirche stand, deutlich größer war und auch auf einem der berühmten Merian-Stiche zu sehen ist. Vermutlich schwammen in diesem nicht erhaltenen Brunnen auch

Oberbürgermeister Dr. Eckart Würzner erfrischt sich am Fischbrunnen.

Fische, bevor sie verkauft wurden." Diesen Vorgängerbrunnen beschrieb Frieder Hepp in dem Buch *Heidelberger Altstadtbrunnen* so: „Der in der Mitte des langen Fischtrogs stehende Brunnenstock trägt, auf dem Kupferstich undeutlich zu erkennen, an seiner Spitze eine Verzierung, möglicherweise einen Pinienzapfen. Diese Krönung von Brunnenstöcken reicht zurück bis in die Antike und gilt als Symbol des Lebens und der Fruchtbarkeit. Ein bildnerischer Schmuck auf dem Blumentrog ist nicht zu erkennen."

„Man kann sich vorstellen, dass der Geruch an dieser Stelle der Stadt sehr prägend gewesen sein muss."

Den heutigen Nachfolgebrunnen hat der Bildhauer Laudenklos Senior geschaffen, Karl Balser (1891-1976) hat ihm sogar ein Gedicht gewidmet, dessen zweite Strophe lautet:
Recht, Du springende Quelle, / Heiliges Wasser am heiligen Ort,
Die Du bescheiden / Dem Gekehl des hohen Kirchenpfeilers
Dich einschmiegst - / Recht, daß Tages Du schweigst,
Dich nicht hingibst, noch auch widersetzest
Dem Getöse der Welt, dem Markt
Dem Gemeinen - .
Das Gedicht schließt mit den Versen:
Schweigen können zur Zeit, / Laut sich werden erst lassen,
wenn der Gott uns / Preßt und schüttelt, wenn
tief mit Schauern uns füllend - / er in uns, wenn aus uns er tönt!

Man kann also mit Fug und Recht behaupten, dass dem Fischmarkt und dem Brunnen in Heidelberg Ehre erwiesen wurde. Wenn er auch in Vergessenheit geriet.

Eva-Maria Bast

So geht's zum Fischbecken:

Der kleine Brunnen befindet sich auf der Nordseite der Heiliggeistkirche am Fischmarkt direkt an der Kirchenmauer.

Hans-Jürgen Fuchs fand den Namen der Punkerstraße schon immer faszinierend – umso mehr, seit er weiß, dass er mit der Jugendkultur der 1970er-Jahre überhaupt nichts zu tun hat.

3|

Punkerstraße
Keine Spur von Irokesenschnitt und Nietengürtel

Die Sage vom Schweizer Freiheitskämpfer Wilhelm Tell ist nicht nur bei den Eidgenossen wohlbekannt. Dass es dem Schützen gelang, mit einer Armbrust einen Apfel vom Kopf seines Sohnes zu schießen, gehört beinahe zum Allgemeinwissen in den deutschsprachigen Ländern Europas. Völlig unbekannt ist hingegen, dass sich fast dasselbe Schauspiel auch im Heidelberger Stadtteil Rohrbach abgespielt haben soll. An den Mann, dem der fabelhafte Schuss gelang, erinnert noch heute die Punkerstraße.

„Den Namen spricht man nicht englisch aus, sondern so, wie man ihn schreibt. Denn mit Irokesen-Haarschnitt und Nietengürtel hat er rein gar nichts zu tun", erklärt Hans-Jürgen Fuchs, erster Vorsitzender des Rohrbacher Stadtteilvereins. Der historische Punker lebte, lange bevor Mitte der 1970er-Jahre in New York und London mit dem Punk eine Jugendkultur entstand, die sich durch provozierendes Aussehen und rebellisches Auftreten auszeichnete.

„Er soll um das Jahr 1430 ein hervorragender Rohrbacher Schütze gewesen sein, so gut, dass die Leute ihm übernatürliche Kräfte nachsagten", beginnt Hans-Jürgen Fuchs die Geschichte zu erzählen. Viel sei über den Mann jedoch nicht bekannt. Die meisten Informationen stammen aus dem *Hexenhammer*, einem einflussreichen Werk des Dominikanermönchs Heinrich Kramer (1430-1505) aus dem Jahr 1487, das die Hexenverfolgungen legitimierte und erklärte, wie vermeintliche Hexen überführt und verurteilt werden sollen. Wurde Punker also der Hexerei beschuldigt? Offenbar schon: „Dort gibt es ein Kapitel, in dem Kramer erklärt, wie man feststellt, dass ein Mann mit Hexerei zu tun hat. Und dabei geht er ausführlich auf den hexenden Bogenschützen Punker ein",

Mehr als das Straßenschild erinnert nicht an den Meisterschützen Punker.

sagt Hans-Jürgen Fuchs. Im *Hexenhammer* bezieht sich Kramer auf mehr als fünfzig Jahre zurückliegende Ereignisse und berichtet, dass sich der Rohrbacher bei der Belagerung des Schlosses Lendenbrunnen – womit vermutlich die heutige Ruine Lindelbrunn im rund 90 Kilometer entfernten Dahn gemeint ist – durch besondere Treffsicherheit hervorgetan habe. „Er hat wohl fast alle Verteidiger im Alleingang getötet und verhindert, dass auch nur ein einziger Soldat seines Herrn, des Pfalzgrafen Ludwig des Bärtigen, zu Schaden kam", beschreibt der Vorsitzende des Stadtteilvereins die beeindruckende Leistung. Als Trophäe habe sich Punker den Torring des Schlosses mitgebracht und an seinem Haus in Rohrbach befestigt.

Mit diesem Ruhm hätte sein Leben fortan ein ruhiges sein können, doch es kam anders, sagt Fuchs: „Ludwig der Bärtige fürchtete sich vor so viel Treffsicherheit. Bei einem seiner Besuche soll er Punker, der zu dieser Zeit Vogt in Rohrbach war, in eine Falle gelockt und ihn gezwungen haben, eine Münze vom Kopf seines eigenen Sohnes zu schießen – mit Pfeil und Bogen!"

Hätte Punker sich geweigert, wäre er erschossen worden. Doch der Schütze zielte und traf, nicht ohne seinen Dienstherrn darauf hinzuweisen, dass er diesen auf der Stelle *„Keiner weiß genau, was wahr und was unwahr ist, wenn es um Punker geht."* erschossen hätte, wäre sein Sohn getroffen worden. Die Parallelen zur Sage des Schweizer Freiheitskämpfers Wilhelm Tell, der einen Apfel vom Kopf seines Sohnes schießt und damit seine Furchtlosigkeit gegenüber dem herrschenden habsburgischen Landvogt unter Beweis stellt, sind auffällig. Der *Hexenhammer* berichtet, wie es mit Punker zu Ende ging: „Auch er wurde von Bauern, denen er sehr lästig war, danach eines Abends mit ihren Grabscheiten getötet und starb in seinen Sünden", ist dort nachzulesen.

„Keiner weiß genau, was wahr und was unwahr ist, wenn es um Punker geht.", bringt Hans-Jürgen Fuchs die Erklärung für die heute oft fehlgedeutete Punkerstraße zu Ende.

Heike Thissen

So geht's zur Punkerstraße:

Die Punkerstraße verläuft im Heidelberger Stadtteil Rohrbach zwischen Römerstraße und Karlsruher Straße.

32

Kanzlerblick

Aussicht für Politiker und Wanderer

Wo ist der beste Aussichtspunkt, um auf Heidelberg und den Neckar zu blicken? Über diese Frage lässt sich trefflich streiten. Doch Elizabeth Ehrenfried hat sie für sich schon längst beantwortet: „Der ideale Platz dafür ist der Kanzlerblick oberhalb von Ziegelhausen", sagt die Vorsitzende des Stadtteilvereins in dem Heidelberger Stadtteil. Und tatsächlich: Idyllisch schlängelt sich der Fluss unten im Tal Richtung Stadt, die Brücken und der Heiligenberg sind zu sehen, alles eingebettet in das satte Grün Tausender Bäume. Wer war wohl der Kanzler, der von hier oben hinabgeblickt und dem Ort zu seinem Namen verholfen hat?

„Ursprünglich haben nur wir Ziegelhauser den Ort Kanzlerblick genannt, weil Helmut Kohl bei seinen vielen Heidelberg-Besuchen immer wieder mal hier oben spazieren gegangen sein soll", erklärt Elizabeth Ehrenfried die Bezeichnung für den Aussichtspunkt. Inzwischen ist der Name schon fast so etwas wie eine offizielle Bezeichnung. Aber woher sie stammt, ist vielen nicht klar." Zu Ehren des Alt-Bundeskanzlers und Politikers, aber auch zum Wohl eines jeden Wanderers, der die Anhöhe erklommen hat und eine Rast braucht, hat der Stadtteilverein einen Holztisch und zwei massive Bänke aufstellen lassen. „Egal, wann ich hier oben bin, der Ausblick ist immer sagenhaft", schwärmt die engagierte Heimatkennerin.

„Ursprünglich haben nur wir Ziegelhauser den Ort Kanzlerblick genannt, weil Helmut Kohl bei seinen vielen Heidelberg-Besuchen immer wieder mal hier oben spazieren gegangen sein soll."

Wie oft Helmut Kohl (1930-2017) hier oben gestanden und den Ausblick genossen hat, ist genauso wenig überliefert wie Details zu seinen vielen privaten Aufenthalten in Heidelberg und Umgebung.

Tisch und Bänke laden zum Verweilen mit grandioser Aussicht ein.
Da passt die bedeutungsschwangere Bezeichnung Kanzlerblick gut.

Dass er eine besondere Beziehung zu dieser Stadt hatte, ist jedoch verbrieft. Ab 1951 studierte er an der Ruprecht-Karls-Universität Geschichte, Jura und Politikwissenschaften. Nach seinem Examen trat er eine Stelle als Wissenschaftlicher Mitarbeiter am Alfred-Weber-Institut für Wirtschaftswissenschaften der Ruperto Carola an und wurde 1958 bei dem Historiker Walther Peter Fuchs mit der Dissertation *Die politische Entwicklung in der Pfalz und das Wiedererstehen der Parteien nach 1945* promoviert. Kohl hat bei seinen späteren Besuchen nicht mehr in Heidelberg gewohnt, sondern ist bei seinen etlichen privaten Aufenthalten nach eigener Aussage immer aus Ludwigshafen angereist. Im Café Schafheutle war er gern zu Gast, besuchte den Zoo oder spazierte durch die Hauptstraße bis zum Rathaus und dann zurück zur Peterskirche.

„Egal, wann ich hier oben bin, der Ausblick ist immer sagenhaft."

Seiner Alma Mater blieb er für den Rest seines Lebens verbunden. Das äußerte sich vor allem im Vorfeld der Feierlichkeiten zum 625-jährigen Bestehen der Heidelberger Universität, als unter seiner Schirmherrschaft die Initiative „Dem lebendigen Geist" die nötigen Mittel für die Sanierung der Neuen Universität einwarb. Kohl selbst unterstützte das Projekt mit einer Spende von 700.000 Euro und hielt während des Festakts im Juni 2011 ein Grußwort. Dabei sagte er: „Über all die Jahre bis heute sind mir Heidelberg und seine Universität immer ein Stück Heimat geblieben."

Heike Thissen

So geht's zum Kanzlerblick:

Der Aussichtspunkt befindet sich an der Kreuzung Neuer Weg / Stiftweg oberhalb von Stift Neuburg.

Wenn er ihm jetzt gerade auch den Rücken zudreht:
Wolfgang G. Nestler hat den Turm jeden Tag vor Augen.

33

Turm
Einst voller Wasser – heute leer

Wolfgang G. Nestler sieht ihn jeden Tag. Ihn, den mächtigen Turm, an dessen Spitze sich ein dicker blauer Topf befindet. Denn das Arbeitszimmer des Heidelbergers im Stadtteil Rohrbach erlaubt einen großartigen Blick auf eben jenen Turm und eben jenen Topf. Da blieb es nicht aus, dass der Journalist eines Tages anfing, sich sehr ausführlich mit dem Ding zu beschäftigen, das ihm da tagtäglich so groß vor Augen stand, und dessen Geschichte zu recherchieren. Und die hat mit Wasser zu tun, einem großen Streit und einer Fabrik.

„Der Turm zeugt von der industriellen Vergangenheit des Quartiers. Er diente von 1913 bis 1956 der dortigen Heinrich Fuchs

Waggonfabrik zur Wasserversorgung", liefert Wolfgang Nestler erst einmal die Eckdaten und blickt sodann weiter in die Vergangenheit zurück: „Probleme mit dem Wasser gab es hier schon immer. So hatte bereits die Kurfürstliche Residenz nach dem Umzug von Heidelberg nach Mannheim großes Interesse an dem guten Rohrbacher Wasser aus dem Odenwald – die dafür vorgesehene *von Traitteur'sche Wasserleitung* wurde jedoch nie fertiggestellt" (siehe Geheimnis 43). Bis der Rohrbach im Zusammenhang mit dem Bau der Bahnstrecke Heidelberg-Karlsruhe nach Norden umgeleitet wurde, habe es etliche Hochwasser gegeben, die große Schäden an den Gebäuden anrichteten. „Ende des 19. Jahrhunderts gefährdete zu viel Wasser auch den Damm der Bahnstrecke", fährt der Journalist fort. „In trockenen Jahren dagegen benötigten die Rohrbacher selbst zusätzliches Wasser, und auch die Waggonfabrik konnte nicht mehr ausreichend versorgt werden, sodass Rohrbach Wasser aus Kirchheim beziehen musste." Das habe zu Streitigkeiten geführt, die 1911 eskalierten: „Seitens der Gemeinde Rohrbach war seit 1901 der Waggonfabrik ein Wasserzins von vier Pfennig je Kubikmeter zugesagt", berichtet Nestler. „Diese Vereinbarung wurde im Februar 1912 durch die Gemeinde einseitig aufgekündigt. Im trockenen Vorjahr hatte die Gemeinde Rohrbach Wasser von Kirchheim bezogen und berechnete dies ohne Absprache vollständig der Waggonfabrik zu 25 Pfennig je Kubikmeter. Mehr als das Sechsfache!"

In dem blauen Topf wurde einst das kostbare Nass gespeichert.

Vor diesem Hintergrund ist es verständlich, dass es Ärger gab und die Firma Fuchs sich zu eigenen Schritten genötigt sah. „Der Streit gipfelte in dem gegenseitigen Vorwurf der Verschleppung von Entscheidungen", berichtet Nestler weiter, und er habe zu dem Entschluss der Fuchs Waggonfabrik geführt, ein eigenes Wasserwerk zu errichten. Das war die Geburtsstunde für den Turm: „Die Brunnenbauer des ganzen Deutschen Reichs machten schon im Frühjahr 1912 unaufgefordert unterschiedliche Vorschläge." Am 30. November 1912 lag das Baugesuch mit allen erforderlichen Plänen vor, der Baubescheid beim Großherzoglich Badischen Bezirksamt Heidelberg erfolgte wenig später. So ganz ohne Probleme ging die Angelegenheit aber nicht vonstatten: „Neben der außergewöhnlich schleppenden Behandlung durch das Bürgermeisteramt Rohrbach machten auch die Wasserproben und ein Anliegereinspruch Probleme", schildert Nestler den weiteren Verlauf. *„Probleme mit dem Wasser gab es hier schon immer."* „Wurde zuerst nur von einer Wassergewinnung für Gewerbezwecke, also Lösch- und Brauchwasser, ausgegangen, sollte sie dann auch Trinkwasserzwecken dienen." Außerdem habe der Heidelberger Hotelier Friedrich Handrich, Anlieger mit fünf winzigen Gartengrundstücken, Einspruch erhoben, weil er um sein Grundwasser fürchtete und darum, daß der Wasserturm, der eine Höhe von ca. 40 Metern erhalten soll, eine Verunstaltung der ganzen Umgebung und eine erhebliche Belästigung und Beeinträchtigung in deren Verwendung" zur Folge haben könnte.

Die verantwortliche Großherzogliche Kulturinspektion erwiderte darauf: „Das Grundwasser läuft in der Richtung von Süden nach Norden ab. Da die Grundstücke des Friedrich Handrich südlich des zu erbauenden Brunnens liegen, so kann Handrich auf seinen Grundstücken unbeschadet [...] Grundwasser gewinnen; es fließt ihm zuerst zu, bevor es in den fraglichen Brunnen gelangt." Ihres Erachtens, so schrieb die Großherzogliche Kulturinspektion weiter, liege „hiernach kein Grund vor, die Brunnenanlage in der Nähe des Eigentums des Handrich zu verbieten. Der Wasserturm an der in Aussicht genommenen Stelle bietet für die Bebauung und Benützung der Grundstücke des Handrich in irgend welcher Weise kein Hindernis."

Einen negativen Einfluss auf die Landschaft sah Bezirksbaukontrolleur Eisele ebenfalls nicht gegeben und schrieb am 31. März 1913: „Auch die zweite Bemerkung, daß durch Erstellung des Wasserturmes das Landschaftliche Bild verunstaltet würde, erscheint mir nicht zutreffend. Denn das ganze Gelände ringsum der Fuchs-

schen Fabrik ist für Industriezwecke vorgesehen. Hier werden folg-
lich später Fabrik-Gebäude, hohe Kamine oder andere ähnliche
Anlagen erstellt. Ein Wasserturm macht aber jedenfalls einen bes-
seren Eindruck als ein so hohes Fabrikkamin."

Also wurde gebaut – Wolfgang Nestler hat die Details genau
parat: „Der Turm steht auf einem Fundament aus acht miteinander
verbundenen Einzelpfeilern aus Stampfbeton, auf dem eine achteckige, 35 Meter hohe Stahlgitterkonst-
ruktion steht."

„Der Turm steht auf einem Fundament aus acht miteinander verbundenen Einzelpfeilern aus Stampfbeton, auf dem eine achteckige, 35 Meter hohe Stahlgitterkonstruktion steht."

Im Vergleich dazu ist der Wasserbehälter
eher klein. Nestler: „Die Proportion erhält
der Turm erst durch dessen Holzverklei-
dung, die mit fast fünf Metern Höhe den
Behälter nahezu doppelt so hoch erscheinen lässt, wie er wirklich ist. Die Holzver-
kleidung aus dem Jahr 1913 wurde nach
einem Sturmschaden im Rahmen der
Sanierung 2014 durch eine gleich große
aus Aluminiumblech ersetzt. Der Turm
versorgte das Unternehmen bis zum Ende der Waggonfabrik mit
Trink-, Brauch- und Löschwasser."

Heute hat der Turm keine Funktion mehr – außer der, ein Zeug-
nis vergangener Industriekultur zu sein. Nestler sagt: „Zusammen
mit den wenigen erhaltenen, in die moderne Wohnbebauung inte-
grierten Klinkermauern der früheren Werkshallen prägt er den
Charakter eines besonderen Wohnquartiers."

Eva-Maria Bast

So geht's zum Turm:

*Er steht im Stadtteil Rohrbach und ist weithin sichtbar, zum Beispiel
vom „Quartier am Turm" aus.*

Martin Blumröder hat die Wahl zwischen zwei Eingängen, wenn er ins Kircheninnere gehen möchte.

34

Zwei Eingänge

Eine Mauer trennte die Gläubigen

An der Heiliggeistkirche gibt es zwei Eingänge auf der Süd- und zwei Eingänge auf der Nordseite. Sie liegen jeweils fast direkt nebeneinander. Der Grund dafür ist ebenso einfach wie ungewöhnlich: Die Kirche wurde lange Zeit von Angehörigen verschiedener christlicher Konfessionen genutzt. Damit jedes Bekenntnis auch wirklich seine eigenen Räumlichkeiten hatte, wurde in der Kirche zwischen Chor und Langhaus eine trennende Mauer gezogen. Die linke der beiden Türen auf der Südseite führte ins evangelische Langhaus, die rechte in den katholischen Chor. Das kann man auch an der Gestaltung der Türen erkennen: Die Tür, durch die die Katholiken schritten, ist mit Figurenschmuck versehen, die calvinistische nicht.

Das alles steht im Zusammenhang mit dem seit dem Augsburger Religionsfrieden von 1555 geltenden Grundsatz „Cuius regio, eius religio", der bedeutet, dass derjenige, der über ein Land herrscht, also im Falle Heidelbergs der Kurfürst, auch berechtigt ist, die Religion für seine Untertanen zu bestimmen.

Der Heidelberger Hobbyhistoriker Martin Blumröder hat sich intensiv mit der Geschichte der Kirchenteilung befasst und kann erklären, wie es zur Teilung des Gotteshauses kam: „Heidelberg war protestantisch, genauer gesagt: calvinistisch, bis die Herrscherfamilie, die Linie Pfalz-Simmern des Hauses Wittelsbach, ausgestorben ist." Kurfürst Karl II. (1651-1685) hatte im Jahr 1685 nach nur fünfjähriger Regentschaft das Zeitliche gesegnet und keine Nachkommen hinterlassen. Deshalb bekam die Nebenlinie Pfalz-Neuburg die Kurfürstenwürde – und diese war katholisch.

„Heidelberg war protestantisch, genauer gesagt: calvinistisch, bis die Herrscherfamilie, die Linie Pfalz-Simmern des Hauses Wittelsbach, ausgestorben ist."

Doch es sollte noch mehr als nur konfessionelle Verwicklungen geben: Auch der französische König Ludwig XIV. (1638-1715) erhob entgegen dem Erbschaftsvertrag Ansprüche auf die Kurpfalz. „Man hatte Liselotte von der Pfalz, die Schwester des verstorbenen protestantischen Kurfürsten, nach Frankreich verheiratet, sie war die Ehefrau Herzog Philips I. von Orléans und damit eine Schwägerin des Königs", erzählt Blumröder. Der Sonnenkönig wollte Ansprüche auf linksreinische Gebiete erheben und die Folge war der Pfälzische Erbfolgekrieg, unter dem Heidelberg sehr zu leiden hatte und zweimal von den Franzosen erobert und nahezu vollständig zerstört wurde.

Auch die Heiliggeistkirche wurde bei der Stadtzerstörung von 1693 beschädigt. Die Franzosen setzten den Dachstuhl in Brand, als er einbrach, fielen im Westen zwei Gewölbe in den Kirchenraum herab. „Im Anschluss an den Pfälzischen Erbfolgekrieg wollten die neuen katholischen Kurfürsten eigentlich eine Gegenreformation herbeiführen, aber das hat nicht funktioniert", berichtet der Heidelberger über den weiteren Verlauf. Also ordnete der katholische Wittelsbacher Kurfürst Johann Wilhelm von Pfalz-Neuburg (1658-1716) in der „Religionsdeklaration" die Errichtung einer Trennmauer an – und so wurden aus einer zwei Kirchen. Die Mauer trennte das Langhaus vom Chor, im Langhaus feierten die Reformierten ihren Gottesdienst, im Chor die Katholiken des kurfürstlichen Hofes die Messe. Diese Innenmauer stand insgesamt 220 Jahre, bis 1936.

Allerdings gab es zwei Unterbrechungen: Wilhelms streng katholischer Nachfolger Carl Philipp (1661-1742) ließ 1719 seine Soldaten die Scheidewand einschlagen, um die gesamte Kirche der Nutzung durch die Katholiken vorzubehalten, was bei den von Reichsständen und sogar dem Kaiser unterstützten Heidelberger Calvinisten allerdings für so großen Ärger sorgte, dass die Trennmauer bald wiederaufgebaut wurde.

Schon 1622 waren im Zuge der Besetzung durch Bayern Jesuiten erstmals in die Pfalz gekommen, doch erst 1698 berief Kurfürst Johann Wilhelm den Jesuitenorden auf Dauer nach Heidelberg, sollte dieser doch bei der Rekatholisierung helfen. Die Jesuiten bauten ein Kollegiengebäude und begannen 1712 mit der Errichtung der Kirche, die 1759 schließlich vollendet wurde. Nach der Aufhebung des Jesuitenordens 1773 diente sie nicht mehr religiösen Zwecken, sondern als Lagerraum und anschließend bis 1808 als Lazarett.

1803 kam Heidelberg an Baden, das damals noch Markgrafschaft war, jedoch 1806 durch Napoleon zum Großherzogtum erhöht wurde. 1809 erhielt die katholische Heilig-Geist-Gemeinde vom badischen Großherzog die Jesuitenkirche als Pfarrkirche. An Allerheiligen 1809 zogen die Katholiken also aus der Heiliggeistkirche aus und in die Jesuitenkirche ein. Der Chor der Heiliggeistkirche war inzwischen auch viel zu klein geworden: Nach der Säkularisation, mit der die Auflösung zahlreicher Klöster einherging, war dieser Chor der Heiliggeistkirche der einzige Ort gewesen, an dem in Heidelberg katholische Gottesdienste gefeiert werden konnten. Nach dem Umzug in die Jesuitenkirche wurde der Chorraum nur noch für stille Messen genutzt. Doch nach der Abspaltung der Alt-Katholiken von der Katholischen Kirche als Folge der Beschlüsse des Ersten Vatikanischen Konzils von 1870 (siehe Geheimnis 02) erließ Baden 1874 das Alt-Katholikengesetz, aufgrund dessen die

Alt-Katholiken den Chor mitbenutzen durften. Allerdings stellten die Katholiken die Nutzung nun ein, wobei der Chor in ihrem Eigentum blieb – die Trennmauer blieb stehen.

Während all dieser Veränderungen stand die Mauer fest an Ort und Stelle, bis sie 1886 zum zweiten Mal verschwand: „Zum 500-jährigen Jubiläum der Universität hat man die Trennmauer niedergerissen, weil man einen großen Raum zum Feiern brauchte. Juristisch war der Chor immer noch katholisch und das Langhaus protestantisch. Man wollte einfach das Jubiläum der Universität in der Originalkirche feiern, wie sie ursprünglich mal war", erklärt Martin Blumröder. „Denn am Anfang, als die Universität gegründet worden ist, vor über 600 Jahren, waren auch die Professoren alle Mönche und das Bildungsmonopol lag beim Papst." Da der Chor jedoch der katholischen Gemeinde gehörte und sie ihn wiederhaben wollte, klagte sie vor dem Reichsgericht, bekam Recht und die Trennmauer wurde in den 1890er-Jahren wiederaufgebaut.

1936 fiel die Mauer endgültig. „Das ist dem damaligen Pfarrer Hermann Maas zu verdanken", sagt Blumröder. „Er hat sich sehr dafür eingesetzt, dass sich die katholische und die evangelische Kirche einigen. Der Chor ging in den Besitz der Evangelischen Kirche in Baden über." Nun konnten die Protestanten endlich Gottesdienst in einer hellen Kirche feiern. „Das Langhaus war schon sehr dunkel gewesen", sagt Blumröder. „Alles Licht war bis dato ja gewissermaßen im Chor hängengeblieben."

Nun ist das Gotteshaus sozusagen wiedervereint – und lichtdurchflutet.

Eva-Maria Bast

So geht's zu den zwei Eingängen:

Sie befinden sich unübersehbar je an der Süd- und an der Nordseite der Heilig-Geist-Kirche. Diese steht am Marktplatz.

Das goldene Ross auf der goldenen Kugel erinnert an Pferde,
die einst im Dienste der Post schwer schuften mussten.

35

Pferdchen

Hoch zu Ross und hoch auf dem Dach

Bei diesem Anblick schlagen nicht nur die Herzen von Pferdefans höher: Auf dem Giebel des Eckhauses Grabengasse/ Seminarstraße befindet sich ein kleines, goldenes Pferdchen, das besonders dann, wenn es von der Sonne angestrahlt wird, wunderschön anzusehen ist. Der Stadtkenner Dr. Dieter Jung weiß, dass dieses Ross einst nicht nur die Aufgabe hatte, schön auszusehen, sondern auch und vor allem als Hinweis darauf diente, dass es sich bei dem Gebäude, auf dem es sitzt – oder besser: sich auf die Hinterbeine stellt – um eine Pferdewechselstation der Gesellschaft Thurn und Taxis handelt. „In ganz Europa gab es zwischen dem 15. und dem 20. Jahrhundert genau im Tagesreisen-Abstand solche Pferdewechselstellen", sagt Jung. „Die Pferde konnten ja nicht von den Alpen bis nach Brüssel durchgaloppieren. Das ging 100 Kilometer weit, dann war Schluss."

Die Familie Taxis war 1490 vom römisch-deutschen König Maximilian I. (1459-1519) mit dem Ausbau der Nachrichtenverbindungen beauftragt worden. Als er im Jahr 1477 Maria von Burgund (1457-1482) geheiratet hatte, war Burgund an Habsburg gekommen – und das lag, lapidar gesagt, nicht gerade um die Ecke. Die Taxis aus Regensburg waren in dem Geschäft erfahren, kümmerten sie sich doch seit Mitte des 15. Jahrhunderts um die italienischen Ku-rierdienste in Venedig und Mailand. Bis dahin war die Post noch durch Boten übermittelt worden. Nun setzte man Pferde ein und eine wichtige Nachricht konnte künftig stolze 166 Kilometer am Tag zurücklegen anstelle der bis dahin üblichen 25. Auch die Reisenden, die mit Postkutschen unterwegs waren, kamen auf diese Weise natürlich deutlich schneller voran.

„In den Versorgungsstationen gab es Zimmer, in denen die Reisenden übernachten konnten."

Etwa alle 100 Kilometer gab es solche Pferdewechselstationen wie die in der Grabengasse. Diese sogenannten Posthaltereien waren mit ausschlaggebend dafür, dass die Post heute heißt, wie sie heißt: Die Versorgungsstationen wurden auch „posta", also Posten, genannt.

„In den Versorgungsstationen gab es Zimmer, in denen die Reisenden übernachten konnten", sagt Jung. Häufig fuhren die Postkutschen aber auch in der Nacht, und das war für Reisende und Pferde gleichermaßen anstrengend. Trotz allem entbehrte es nicht einer gewissen Romantik. Joseph von Eichendorff (1788-1857), der 1807/08 in Heidelberg studierte, gab dem 1834 in seinem Gedicht *Sehnsucht* Ausdruck:

Es schienen so golden die Sterne, / Am Fenster ich einsam stand
Und hörte aus weiter Ferne / Ein Posthorn im stillen Land.
Das Herz mir im Leib entbrennte, / Da hab' ich mir heimlich gedacht:
Ach, wer da mitreisen könnte / In der prächtigen Sommernacht!

Alois Wilhelm Schreiber stellt die Route von Karlsruhe nach Heidelberg in seinem *Handbuch für Reisende am Rhein von Schaffhausen bis Holland* so dar: „Man hat nun noch drey kleine Stunden bis Heidelberg. Der Weg geht über Leimen und Rohrbach. An dem letzten Ort ist eine angenehme Gartenanlage, die der Frau Markgräfin von Baden gehört. Von Heidelberg etwas anzumerken wäre überflüssig, da man über diese Stadt und ihre Umgebung die ausführlichsten Beschreibungen von Frau v. Chezy: Gemälde von Heidelberg, Mannheim, Schwetzingen, dem Odenwalde und dem Neckarthale etc... und dem Verfasser des gegenwärtigen Reisebuchs besitzt."

„Die Pferde konnten ja nicht von den Alpen bis nach Brüssel durchgaloppieren. Das ging 100 Kilometer weit, dann war Schluss."

Komfortabler wurde das Reisen mit der Postkutsche im 18. und im 19. Jahrhundert, als die Landstraßen ausgebaut und die Beförderung damit deutlich verbessert wurde. Das Ende des Transports per Postkutsche kündigte sich an , als Mitte des 19. Jahrhunderts die Eisenbahnen über die Schienen zu rollen begannen – denn das Reisen mit der Bahn war deutlich billiger und auch bequemer. Schneller ging es obendrein. Mit der Pferdekutsche fuhr nun nur noch, wer in Gegenden musste, die nicht von der Bahn erschlossen waren. Doch auch hier wurden die Pferde um 1900 ersetzt – diesmal durch die Automobile.

Das kleine Pferdchen auf dem Heidelberger Dach hatte nun ausgedient. Da konnte es sich noch so sehr auf die goldenen Hinterbeine stellen.

Eva-Maria Bast

....

So geht's zum Pferdchen:

Es befindet sich auf dem Dach des Eckhauses Grabengasse / Seminarstraße.

36

Teilkästen

Das Wasser sprudelte nicht immer

E s sieht merkwürdig aus: In der Nähe der Talstation der Bergbahn befindet sich in der Mauer eine Art Nische, die in mehrere verschieden große Becken unterteilt ist. Und in denen befindet sich teilweise sogar Wasser. Oben an den kleinen Becken sitzt jeweils eine Art Überlauf. Der Historiker Dr. Jochen Goetze weiß: „Das ist ein Überbleibsel der historischen Wasserversorgung Heidelbergs. Es handelt sich um einen sogenannten Teilkasten, der von den Brunnenstuben in der Nähe des Schlosseingangs gespeist wurde."

Goetze hat die Geschichte der Heidelberger Wasserversorgung intensiv erforscht und einen Aufsatz dazu verfasst, in dem auch die Funktion der Teilkästen erklärt wird. Grundlage für seine Erkenntnisse sind das *Brunnenbuch* aus dem Jahr 1772, ein Verzeichnis aller Brunnen und Nutzer im Einzugsbereich, das im Stadtarchiv liegt, und die Akte *Privatquellen* im Tiefbauamt, eine Aufarbeitung der gesamten Quellen und Wasserleitungen in Privatbesitz aus den 1950er-Jahren.

Eingangs weist Goetze darauf hin, dass die Wasserversorgung in den mittelalterlichen Städten keine ganz leicht zu lösende Aufgabe gewesen sei: Verliefen die Wasserleitungen oberirdisch, boten sie vor allem in kriegerischen Zeiten eine Schwachstelle. Und wenn sie unter der Erde liefen, bestand die Gefahr, dass sie durch Sickergruben oder Latrinen verunreinigt wurden., Heidelberg habe im Gegensatz zu vielen anderen Städten den Vorteil gehabt, dass man Wasser aus den verschiedensten Bereichen beziehen konnte: aus Brunnen und aus Quellen an den Hängen des Königstuhls, die dann in Brunnenstuben gefasst wurden. Das Wasser wurde sodann in hölzernen, tönernen oder steinernen Leitungen in die Stadt geleitet. Auch Tiefbrunnen wurden angelegt, „aus denen Grundwasser geschöpft werden konnte". Das Neckarwasser hingegen, erzählt

Geheimnisvoll: die Teilkästen am Burgweg.

Goetze, sei so verunreinigt gewesen, dass man es nicht verwenden konnte. Und auch die Trinkwassergewinnung aus den Brunnen war zwiespältig, denn „man hatte keinerlei Angst und keine Skrupel, einen Trinkwasserbrunnen direkt neben einer Latrine zu errichten".

„Weil das Wasser im Sommer nur tröpfelte, musste man oft stundenlang anstehen, bis die Eimer voll waren. Dabei wurde gequatscht und getratscht."

Ab dem 19. Jahrhundert reichte diese Art der Wasserversorgung für die wachsende Stadt nicht mehr aus. Vor allem bei längeren Trockenperioden seien Klagen laut geworden, „daß die öffentlichen Brunnen nur noch tröpfelten", schreibt der Historiker in einer Publikation über die Brunnen und verdeutlicht das Bevölkerungswachstum, mit dem die Stadt klarkommen musste: „Heidelberg hatte im Jahr 1802 8.919 Einwohner, 1833 waren es bereits 13.345." Zwar ließ die Stadt nun Pumpbrunnen installieren, doch lange reichte das für die wachsende Einwohnerzahl auch nicht aus, zumal „steigender Wohlstand und gewachsenes Komfortbedürfnis" ein Übrigens taten, um die Wassernot noch zu verstärken. Teilweise musste in den Sommermonaten sogar das Wasser abgeschaltet werden. „1925 war die Bevölkerungszahl auf 73.034 angestiegen, und im Jahr darauf ging die Stadt erstmals zum Fremdbezug von Wasser von der Wasserwerksgesellschaft Mannheim über", schreibt Goetze weiter. Ab 1872 wurde in Heidelberg die zentrale Wasserversorgung eingerichtet. Doch mancher Haushalt habe dennoch bis in die 1970er-Jahre hinein Wasser aus den öffentlichen Brunnen bezogen.

Was aber hat das alles mit den Teilkästen zu tun? „Das Wasser wurde von den Brunnenstuben aus über Sammler in diese Kästen geleitet, von dort aus wurde es in Rohren aus Holz, Ton oder Blei direkt an die Endabnehmer geführt", erläutert Goetze den Weg, den das kostbare Nass nehmen musste. Dass sich die Abflüsse relativ weit oben und nicht, was logisch gewesen wäre, unten an den Kästen befinden, hängt damit zusammen, dass das Wasser recht sandhaltig war: „Der Sand ist ja schwerer als Wasser und sank deshalb in den Teilkästen auf den Boden", erklärt der Heidelberger. „Hätte sich der Ausguss unten befunden, wäre zwar in wasserarmen Zeiten ein bisschen länger Wasser geflossen, aber dafür wäre das Wasser sandhaltiger gewesen." Goetze erläutert: „Wenn die Becken ausreichend bemessen waren, konnte sich das durch die Röhren hineinschießende Wasser beruhigen und der Sand setzte sich am Boden ab. Das so gereinigte Wasser konnte dann vom oberen Rand des Beckens abfließen." Der Sand habe die Teilkästen allerdings teilweise ausgescheuert und die Überlauföffnungen dadurch vergrößert. Deshalb mussten die Kästen regelmäßig erneuert werden, denn sonst hätten die Menschen ja mehr Wasser bekommen, als ihnen zustand.

Der Historiker weist in seinem Beitrag zur Schriftenreihe des Stadtarchivs Heidelberg darauf hin, dass die Endabnehmer, die über die Teilkästen versorgt wurden, einen unterschiedlichen Wasserbedarf hatten: „Öffentliche Brunnen, Bierbrauer oder Gerber hatten naturgemäß einen erheblich höheren Wasserverbrauch als beispielsweise ein einzelner Privathaushalt." Deswegen sei die Wasserentnahme vertraglich festgelegt worden. „In der Konstruktion des Teilkastens sah das so aus, daß die Öffnungen, durch die das Wasser aus dem Vorfluter in das Becken des Endabnehmers gelangte, entsprechend den Teilungsproportionen der Wassermenge gestaltet und bemessen waren. So konnte beispielsweise ein öffentlicher Brunnen mit 2/5 des

Dr. Jochen Goetze mit einem Glas Wasser in seinem Garten. Er hat sich ausführlich mit der Geschichte der Wasserversorgung in Heidelberg beschäftigt.

Wassers versorgt werden, ein Bierbrauer brauchte 1/5, ein weiteres Fünftel ging an einen Gerber, und zwei angeschlossene Haushalte beanspruchten je 1/10", erklärt Goetze die Aufteilung. „Private Leitungen konnten sich natürlich nur die wohlhabenderen Bürger leisten", macht er deutlich, „die anderen mussten das Wasser nach wie vor in den öffentlichen Brunnen holen." Eine nicht ganz unangenehme Aufgabe: „Die Brunnen erfüllten auch eine starke soziale Komponente im Leben der Menschen", schildert Goetze diesen Aspekt. „Weil das Wasser im Sommer nur tröpfelte, musste man oft stundenlang anstehen, bis die Eimer voll waren. Dabei wurde gequatscht und getratscht."

Die Heidelberger, sagt er, hätten sich in „Brunnengemeinden" oder Brunnengemeinschaften organisiert. „Jede Brunnengemeinde, derer es insgesamt 50 gab, hatte einen Brunnenmeister und einen Stellvertreter, die dafür Sorge zu tragen hatten,

„Die Brunnen erfüllten auch eine starke soziale Komponente im Leben der Menschen."

dass die Teilkästen in Schuss gehalten oder, wenn nötig, repariert wurden. Wenn zwischen verschiedenen Nutzern Streit ausbrach, mussten die Brunnengemeindevorsteher schlichten. Außerdem war es ihre Aufgabe, die Kosten für die Unterhaltung auf die Nutzer umzulegen, ein verständlicherweise notwendiges, aber unbeliebtes Amt, das zu mancherlei Anfeindungen und Auseinandersetzungen Anlass bot", wie der Historiker berichtet.

„Und nicht zuletzt waren die Brunnengemeinden oder -gemeinschaften auch noch für ein anderes Element zuständig: Sie bildeten gleichzeitig eine Art Freiwillige Feuerwehr, die", wie Goetze schreibt, „in ihrem Einzugsbereich ausbrechende Brände zu bekämpfen hatten." Mit dem Wasser, das so strikt unterteilt war und dessen Verbrauch genauestens abgerechnet wurde. Im Brandfall allerdings hatte man andere Sorgen als die Reglementierung des Wasserverbrauchs.

Eva-Maria Bast

So geht's zu den Teilkästen:

Sie befinden sich oberhalb der Bergbahn-Talstation Am Burgweg.

Der Adler blickt zu seinem Artgenossen auf der anderen Seite des ehemaligen Haupteingangs. Heraldisch betrachtet schaut er damit in die falsche Richtung.

Falscher Reichsadler
Blick in die entgegengesetzte Richtung

37

Zunächst sieht es so aus, als würden sich die beiden steinernen Adler auf den Eckpfosten neben dem Haupteingang der ehemaligen Campbell Baracks einfach nur angucken. Der linke blickt nach rechts, der rechte nach links. Zusammen ergeben sie ein harmonisches Gesamtbild. Doch tatsächlich spielt dabei nicht nur Symmetrie eine Rolle, sondern auch Symbolik, denn es handelt sich um Wappentiere. Die linke Adlerfigur schaut nach den strengen Regeln der Heraldik in die falsche Richtung, und das war durchaus beabsichtigt in der Zeit, als die beiden Raubvogelskulpturen aufgestellt wurden.

Entsprechend den Beschlüssen der Pariser Friedenskonferenz von 1919 musste das deutsche Heer auf 100.000 Berufssoldaten reduziert und die Wehrpflicht abgeschafft werden, worin die Nationalsozialisten ein die deutsche Ehre verletzendes „Schanddiktat" sahen. Sie setzten alles daran, um diese und andere Bestimmungen rückgängig zu machen. So wurde 1935 durch das „Gesetz für den Aufbau der Wehrmacht" die Wehrpflicht wieder eingeführt und

„Nach den strengen Regeln der Heraldik blicken Wappentiere stets nach rechts."

die bisherige Reichswehr in „Wehrmacht" umbenannt, sie gliederte sich in Heer, Luftwaffe und Kriegsmarine.

Das war auch der Grund, warum im Jahr 1936 zur Aufrüstung das 110. Infanterieregiment in Heidelberg aufgestellt wurde. Doch weil keine Kaserne in der Stadt groß genug war, um die neue Einheit aufzunehmen, ließ das Heeresbauamt Mannheim 1937 an der heutigen Römerstraße Richtung Rohrbach eine neue militärische Anlage auf einer Fläche von 16 Hektar bauen. Ein Jahr später erhielt sie nach dem „Anschluss" Österreichs an das Deutsche Reich den Namen „Großdeutschlandkaserne". Hier waren fortan der Regimentsstab des 110. Infanterieregiments, das Erste Bataillon mit dem Bataillonsstab und zwei Regimentsunterstützungskompanien untergebracht. Wie für nationalsozialistische Bauten typisch, war das Gelände übersät mit kriegerischer Symbolik. Dazu gehörten neben den beiden Adlern am Haupteingang auch Buntsandstein-reliefs neben den Eingängen der meisten Gebäude, die Abbildungen von Soldaten aus verschiedenen Abschnitten der Geschichte Deutschlands zeigen.

Der Adler auf der rechten Seite ähnelt dem Wappentier, das heutzutage in Deutschland tausendfach an Gebäuden, auf Dokumenten oder auch im Bundestag als Symbol für die Bundesrepublik zu sehen ist: dem Bundesadler, zu erkennen an seiner Blickrichtung. „Nach den strengen Regeln der Heraldik blicken Wappentiere stets nach rechts", schreibt Jürgen Hartmann in einem Beitrag des Instituts für Zeitgeschichte über den Bundesadler. „Wird die Blickrichtung in einem Wappen nach links gewendet (Brisur), so kann dies eine Bastardisierung bedeuten, den Hinweis also, dass der Wappenträger aus einer illegitimen Nachkommenschaft stammt." In der Geschichte der deutschen Adler habe es nie einen nach links gewendeten gegeben. „Mit einer einzigen Ausnahme", schränkt der Autor ein, „der Adler des Führers und Reichskanzlers."

Demnach lässt sich an der Blickrichtung des Vogels auf der linken Seite der Toreinfahrt erkennen, dass es sich dabei nicht um den Reichs- oder Bundesadler, sondern um den Parteiadler der NSDAP handelt: Er schaut – aus seiner Perspektive betrachtet – nach links. Das einzige, was ihm fehlt, ist das Hakenkreuz, das einst zu seinen Füßen angebracht war, aber nach dem Zweiten Weltkrieg im Zuge der Entnazifizierung entfernt wurde.

Diese Darstellungsweise des Adlers hatte sich Adolf Hitler (1889-1945) für das Wappentier der NSDAP überlegt. Was seine Motivation dafür angeht, so gibt es zwei vorherrschende Ansichten. Die eine besagt, der Adler blicke nach Osten, in die Richtung, wo die Ideologie der Nationalsozialisten den „neuen Lebensraum der Deutschen" sah, den es zu erobern galte, wozu die Wehrmacht gebraucht wurde. Aufgrund dieser Ansicht begann Nazi-Deutschland den Zweiten Weltkrieg mit einem Überfall auf den Osten und verursachte dort millionenfaches Leid und Zerstörung. Der andere Interpretationsansatz erkennt im Parteiadler die „Rückseite" des Reichsadlers. Zwei voneinander abhängige Hälften – Reich und Partei – würden sich demnach im Amt des „Führers" Adolf Hitler vereinigen, der seit 1921 Parteivorsitzender – im damaligen Jargon „Führer" – der NSDAP, seit dem 30. Januar 1933 Reichskanzler und ab 1934, nach dem Tod des Reichspräsidenten Hindenburg, „Führer und Reichspräsident" in Personalunion war.

Die heraldisch richtige Version des Adlers mit Blickrichtung – aus seiner Perspektive – nach rechts hingegen ist ein Relikt aus dem Mittelalter, als Wappentiere noch groß auf den Schilden der Ritter prangten und auf den ersten Blick zu erkennen gaben, ob das Gegenüber im Kampf Freund oder Feind war. Weil schon damals die meisten Menschen Rechtshänder waren, führten sie die Waffe in ihrer rechten, den Schild in der linken Hand. Und weil der Adler im Wappen auf dem Schild mutig und angriffslustig Richtung Waffe und somit Richtung Kampf blicken sollte, musste er zwangsläufig den Kopf nach rechts drehen. Somit handelt es sich auch beim Bundesadler um ein kriegerisches Machtsymbol, das für die Grundwerte der deutschen Verfassung kämpfen soll – so die Staatsideologie.

Die beiden Greifvögel in der Römerstraße haben heute eine ganz andere Symbolik, als die, die ihnen ursprünglich zugedacht war. Das liegt daran, dass sie keine Hakenkreuze mehr in ihren Klauen halten, sondern Schilde mit dem Emblem der US Army Europe, das für Frieden und Stabilität in Europa steht. Dazu kam es nach dem Ende des Zweiten Weltkriegs. Nachdem US-Streitkräfte am 30. März 1945 Heidelberg eingenommen hatten, waren in der Kaserne verschiedene Einheiten der amerikanischen Truppen untergebracht. Ab 1948 diente sie dann als Hauptquartier des EUCOM, der amerikanischen Streitkräfte für Europa. Am 23. August desselben Jahres erhielt das Gelände den Namen „Campbell-Kaserne", benannt nach Staff Sergeant Charles L. Campbell, der Ende März 1945 bei Mannheim getötet wurde, als er eine Patrouille über den Rhein begleitete, und der posthum wegen außerordentlicher Tapferkeit ausgezeichnet worden war.

Während all der Jahre, die seither vergangen sind, blieben die Adler an Ort und Stelle. Dabei sind die Zeiten der militärischen Nutzung endgültig vorbei, seit die US-Armee 2014 das Gelände und Heidelberg verlassen hat. Stattdessen entsteht ein komplett neues Wohn- und Arbeitsquartier inmitten von viel Grün. Eine schönere Nutzung können sich wohl auch die Greifvögel am Haupteingang kaum wünschen.

Heike Thissen

....

So geht's zum falschen Reichsadler:

Der Adler, der in die falsche Richtung blickt, steht links neben dem Eingangstor zur ehemaligen Campbell-Kaserne in der Römerstraße gegenüber der Saarstraße.

Unter dem Moos ist die Steinmauer versteckt, auf der einst die Heroldhütte stand.

Steinmauer

Was von der Heroldhütte übrig blieb

A ufgeschichtete Steine unter einer dicken Moosschicht: Mehr ist nicht geblieben von der Heroldhütte im Stadtwald. Die Natur hat sich den Platz längst zurückerobert und überwuchert ihn mit Sträuchern und Gräsern. So kommt es, dass die Mauer im Sommer kaum als solche erkennbar ist. „Das bedauere ich sehr, denn die Heroldhütte liegt mir am Herzen", sagt Arnold Schwaier. Und damit ist er nicht alleine. Denn so mancher Schlierbacher erinnert sich noch daran, dass die ehemalige Schutzhütte in etlichen Filmen eine tragende Rolle spielte.

„Hütten wie die Heroldhütte wurden von Waldbesitzern, der staatlichen Forstverwaltung und der Stadt errichtet, als es in Mode kam, viel Zeit an der frischen Luft zu verbringen", erklärt Schwaier, der auf vielen Spaziergängen den Heidelberger Stadtwald aufmerk-

143

sam erforscht hat. An die 60 kleine Häuschen unterschiedlicher Bauart und Größe stehen noch heute nördlich und südlich des Neckars entlang der Wege. Einige von ihnen bieten seit fast 200 Jahren Wanderern Schutz vor plötzlich aufziehenden Gewittern oder die Möglichkeit zu einer längeren Rast.

„Die Menschen wollten ihrer Naturbegeisterung nachgehen und auch etwas für ihre Gesundheit tun", erklärt Schwaier, der selbst gern und ausdauernd wandert. „Dazu haben bestimmt auch die Vertreter der Heidelberger Romantik beigetragen, die Anfang des 19. Jahrhunderts viele Stunden im Wald unterwegs waren und dabei zum Teil große Entfernungen zurückgelegt haben." Das älteste Häuschen, das heute noch steht, ist das „Rindenhäuschen" am Felsenmeerweg. Gut möglich, dass es einer der ersten Ruheplätze war, die in der Umgebung von Heidelberg erbaut wurden. Zwar ist es heute nicht mehr dasselbe wie das, das Mitte des 19. Jahrhunderts errichtet wurde, weil es bei Renovierungsarbeiten mehrmals verändert wurde. Aber dennoch geht es zurück auf den Bezirksförster Karl Schuberg (1827-1899), der es in den Jahren 1855 bis 1859 errichten ließ. „Das muß festgehalten werden, denn wo in deutschen Landen gibt es eine ähnliche ‚Erholungsanlage', die früher erbaut wurde als diese?", fragt der ehemalige Amtsvorstand des Städtischen Forstamts Heidelberg, Friedrich-Franz Koenemann, in seinem Werk über den Stadtwald.

Die Heroldhütte geht zurück auf den Heidelberger Gönner Ludwig Herold, der den Bau 1913 ermöglichte, um seinen Mitbürgern etwas Gutes zu tun. Sie war aus Holz errichtet, innen mit Tischen und Bänken möbliert und im Dachgeschoss mit einem Durchgang von der Bergseite versehen, über den man auf den vorgelagerten kleinen Aussichtsbalkon gelangte. „Die Hütte erlangte einige Berühmtheit, weil sie von einem Schlierbacher Filmstudio mehrmals für Filmaufnahmen genutzt wurde", erklärt Schwaier. Dieses trug den Namen „Glashaus am Neckar" und war 1912 mit seinen 23 Metern Länge, 13 Metern Breite und neun Metern Höhe das zweitgrößte Studio in ganz Europa. Hier wurden zu Beginn des 20. Jahrhunderts vor allem Unterhaltungsfilme wie Western und Detektivfilme gedreht, die Titel trugen wie *Bull Arizona, der Wüs-*

tenadler oder *Vermächtnis der Prärie*. Der Hauptdrehort der Western lag in einem Steinbruch im nahegelegenen Dossenheim. Etliche später national und international bekannte Schauspieler und Regisseure unternahmen in Schlierbach ihre ersten filmischen Gehversuche. Zu den „Auftritten" der Heroldhütte in den Produktionen des Glashauses kennt Arnold Schwaier eine amüsante Anekdote: „In einer Filmszene war zu sehen, wie ein Pferd vom Aussichtsbalkon abgeseilt wurde. Als sich Tierfreunde darüber beschwerten, erklärte das Filmstudio nur lapidar, dass das Tier bei den Aufnahmen bereits tot gewesen sei."

Das Ende der Heroldhütte kam am 12. Mai 1985, als Brandstifter sowohl diese als auch die „Schlosshanghütte" anzündeten. Während erstere bis auf ihre Grundmauern abbrannte, konnte die Feuerwehr letztere wenigstens teilweise retten, sodass sie noch im selben Jahr wiederaufgebaut wurde. Von der Heroldhütte fehlt seither jede Spur – wenn man von den kläglichen Mauerresten oberhalb des Wanderweges absieht. Aus einem Zeitungsbericht der Rhein-Neckar-Zeitung aus der Woche nach dem Brand geht hervor, dass der Schaden an der Heroldhütte rund 40.000 Mark betragen hat. „Es gab durchaus Überlegungen, sie wiederaufzubauen. Aber daraus ist nichts geworden", bedauert Arnold Schwaier.

Wo andere Wanderer – wenn überhaupt – nur aufgeschichtete Steine entdecken, hat er noch heute das imposante Häuschen mit der schönen Aussicht auf das Neckartal vor Augen. „Wenn man als Kind zum Balkon rannte, polterte es so schön", erinnert er sich.

Heike Thissen

....

So geht's zur Steinmauer:

Die Steinmauer, auf der einst die Heroldhütte stand, befindet sich unmittelbar oberhalb des Felsenmeerwegs zum „Hohlen Kästenbaum" am Kreuzungspunkt des Pfads vom „Hurenbrunnen" und dem Steinhüttenweg.

39

Torturm

Intakt durch Fehler in der Kriegsmaschinerie

Was sie beschädigen konnten, das beschädigten sie. Als sich die französischen Truppen im Jahr 1693 daran machten, das Heidelberger Schloss endgültig zu zerstören, leisteten sie ganze Arbeit. Sie verteilten Minen und Schwarzpulver sorgfältig und erzielten dabei eine solche Sprengkraft, dass nicht nur die Gebäudeteile zerrissen wurden, sondern riesige Steinblöcke zum Teil bis hinab in die Altstadt flogen (siehe Geheimnis 29). An allen seinen Ecken sieht man dem einstigen Renaissancebau diese Drangsalierung noch an – nur an einer nicht: Der mächtige Torturm mit seinen 52 Metern Höhe, durch den jedes Jahr bis zu einer Million Besucher das Areal betreten, steht wuchtig und trutzig wie eh und je. Warum eigentlich?

Beate Weber-Schuerholz hält ein kleines Glas mit schwarzem Pulver und ein Stück Holz in Händen. „Das hier ist der Grund, warum dieses Tor im Gegensatz zum Rest der ehemaligen kurfürstlichen Residenz heute noch weitgehend intakt ist", sagt die frühere Heidelberger Oberbürgermeisterin und schmunzelt. Was das eine mit dem anderen zu tun hat, ist eine denkwürdige Geschichte, die der Politikerin sehr am Herzen liegt.

„Im Jahr 1999, als ich noch Oberbürgermeisterin war, wollte ein älterer Heidelberger, den ich sehr gut kannte, unbedingt einen Termin bei mir haben. Er gehörte zu einer Gruppe von Männern, die ich immer nur *die Schlossbuben* nannte, weil sie mit Erlaubnis der Schlossverwaltung im Schloss forschten und sich dort wie kleine Jungen immer wieder neugierig in Abenteuer stürzten." Also habe sie ihn und die Schlossbuben getroffen. Dabei legten die Männer das alte Stück Holz auf ihren Schreibtisch und stellten das Gläschen mit schwarzem Pulver dazu mit den Worten: „Jetzt sollten wir lieber nicht mit Feuer spielen. In dem Behältnis ist Schwarzpulver

Trutzig und mächtig wie eh und je steht der Torturm. Das ist einer Kuriosität in der Geschichte des Heidelberger Schlosses zu verdanken.

aus dem Jahr 1693." Sie habe ihren Ohren nicht trauen wollen, erinnert sich die Heidelbergerin.

Sie hätten, so erzählten die Männer, im Schlossturm einen Geheimgang entdeckt, den bis dahin noch niemand erforscht hatte. „Den haben sie vorsichtig freigegraben und eine verborgene Tür entdeckt, die sie öffnen konnten. Und dahinter fanden sie ein zerfallenes Holzfass, von dem dieses Stück Holz stammt, und in dessen Mitte Schwarzpulver", fasst die ehemalige Oberbürgermeisterin den bemerkenswerten Fund der „Schlossbuben" zusammen. Sie habe der Geschichte staunend zugehört und sich um Jahrzehnte zurückversetzt gefühlt. „In meiner Kindheit sind wir oft von Ziegelhausen über den Neckar gefahren und dann zum Schloss hoch gewandert, um dort herumzuklettern. Das war Ende der 1940er-, Anfang der 50er-Jahre, da war dort noch vieles zugänglich, was heute versperrt ist, weil es viel zu gefährlich ist." Sie sei immer sehr aufgeregt gewesen bei diesen Ausflügen, weil sie sich ausmalte, dass sie eine geheimnisvolle Entdeckung machen oder ein Skelett finden könne. „Und dann standen da Jahrzehnte später auf einmal diese Männer, denen genau das gelungen war, wovon ich als Kind all die Jahre geträumt hatte", bekennt sie.

Der Fund der „Schlossbuben" erklärt wahrscheinlich, warum der Torturm noch heute so beeindruckend aussieht und nicht als Ruine dasteht: „Die Franzosen wollten alles sprengen. Das ist ihnen beinahe gelungen. Sogar die Verbindung zwischen Schlosseingang und Torturm ist zerstört worden. Aber ganz offensichtlich ist das Fass, das den Torturm sprengen sollte, nicht losgegangen, sodass es mehr als 300 Jahre später gefunden werden konnte", erklärt die einstige Oberbürgermeisterin. Ihr gefällt die menschliche Komponente, die an dieser Stelle in der Geschichte des Heidelberger Schlosses eine Rolle spielt: „Da muss es also aller Wahrscheinlichkeit nach einen französischen Soldaten gegeben haben,

Beate Weber-Schuerholz (rechts) überreicht ein Schwarzpulver und ein Stück Holz an Dr. Renate Ludwig vom Kurpfälzischen Museum.

der die Lunte nicht richtig gelegt oder feuchtes Schwarzpulver verwendet hat, sodass das Fass nicht gezündet und seine Sprengkraft nicht entfaltet hat." Dass es auch in all der Zerstörung und all dem Leid für die Stadt einen Moment der Unzulänglichkeit in der Kriegsmaschinerie gegeben habe, mache die Sache so interessant.

Große Teile der Stadt Heidelberg und des Schlosses wurden im Pfälzischen Erbfolgekrieg (1688-1697) bereits 1689 zerstört (siehe Geheimnis 29). Pechkränze und Minen brachten Teile des Schlosses zum Einsturz, Brandstiftung zerstörte 34 Häuser in der Stadt. Vier Jahre später rückte Heidelberg wieder in den Fokus des französischen Königs Ludwig XIV. (1638-1715): Am 22. Mai 1693 konnten seine Truppen die Stadt einnehmen. Ein Großteil der Soldaten zog bereits eine Woche später wieder ab. Die Besatzung, die zurückblieb, hatte eine anspruchsvolle Aufgabe zu bewältigen: Sie sollte das Schloss endgültig in Schutt und Asche legen. Dafür wurden am 6. September nicht weniger als 38 Minen und 27.000 Pfund Schwarzpulver verwendet. Es gelang – als letzter Akt des Pfälzischen Erbfolgekriegs – den Sitz eines der wichtigsten Adelsgeschlechter Europas am Hang des Königstuhls beinahe dem Erdboden gleich zu machen. Der Torturm aus roten Sandsteinquadern, ragte indes aus den Trümmern empor – „sein" Fass, vielleicht gefüllt mit feuchtem und somit unbrauchbarem Schwarzpulver, hatte nicht gezündet.

Die Beweisstücke aus jenem Schicksalsjahr, die hölzerne Fassdaube und das Gläschen mit Schwarzpulver, hat Beate Weber-Schuerholz zwischenzeitlich Dr. Beate Ludwig vom Kurpfälzischen Museum übergeben. „Dabei handelt es sich schließlich um ein besonderes Stück Stadtgeschichte, das ist dort besser aufgehoben als bei mir zuhause", sagt die ehemalige Oberbürgermeisterin.

Heike Thissen

....

So geht's zum Torturm:

Der Torturm des Heidelberger Schlosses befindet sich gegenüber vom Besucherzentrum des Schlosses.

40

Neidkopf
Regen ist gut für den Teint!

Griesgrämig, wie man das von ihresgleichen gewohnt ist, sieht sie wirklich nicht aus, die steinerne Frau, die an einem Hauseck in der Lauerstraße hängt. Eher gelassen blickt sie nach oben in den Himmel, als wollte sie ausdrücken: Ich muss nicht böse schauen, um Böses abzuwenden. Wenn schlechtes Wetter nahen sollte, dann nehme ich es mit den dunklen Wolken allemal auf. Vielleicht lächle ich sie auch einfach weg.

„Bei dem Kopf handelt es sich um einen sogenannten Neid- oder Wetterkopf", erklärt Martin Blumröder, der über die Stadt bestens Bescheid weiß und die Steinerne daher gut kennt. Diese Köpfe finden sich in vielen Städten, und in den allermeisten Fällen sind sie nach Westen ausgerichtet. Da man in der Antike und auch noch im Mittelalter davon ausging, dass das Böse aus der Himmelsrichtung des Sonnenuntergangs und des Dunklen kommt, brachte man die fratzenhaften Köpfe in Richtung Westen an, um das Böse abzuwehren. Diese „apotropäische", Unheil abwehrende Handlung folgte dem Grundsatz „Gleiches gegen Gleiches". Will heißen: Dämonen kann man durch Dämonen abwehren. Das Wort „apotropäisch" leitet sich aus dem Griechischen ab: Apotropäische Götter (apotrópaioi theoí) waren gefürchtet, weil sie Böses verursachen konnten. Der Grundsatz, Gleiches mit Gleichem zu beheben, wird auch an Silvester beherzigt: Schon in vorchristlicher Zeit vertrieb man böse Geister durch Lärm und Feuer.

So entstanden auch die Neidköpfe, die mit ihrem – meist finsteren – Blick Dämonen und böse Geister abhalten sollten, die man im Westen wohnend wähnte. Der Begriff „Neidkopf" bedeutet übrigens nicht, dass der Kopf irgendjemandem etwas geneidet hätte: Er leitet sich vom mittelhochdeutschen Wort „nîd" ab. Und das steht zwar für Neid, aber auch für Hass und Zorn.

Die schöne Heidelbergerin muss aber anders als viele ihrer Artge-

Martin Blumröder blickt freundlich zu der schönen Steinernen empor.

nossen nicht finster dreinblicken, um das Böse abzuwehren. Denn da der Westen die Himmelsrichtung des abfließenden Neckarwassers ist, gibt es auch die Version, dass die Schöne deshalb so strahlt, weil sie dem abfließenden Neckarwasser hinterherschaut und froh ist, dass es sich nicht in der Stadt staut, in der es schon zu vielen Hochwassern gekommen ist (siehe Geheimnis 05). Martin Blumröder glaubt aber lieber an die Version, dass sie Wind und Wetter fernhalten soll

„Bei dem Kopf handelt es sich um einen sogenannten Neid- oder Wetterkopf."

– was ihr auch gelingt: „Der Wind kommt ja von Westen her. Über den Pfälzer Bergen, also in der Rheinpfalz, regnen die Wolken ab, und so fahren relativ trockene Winde in die Rheinebene hinein", klärt Blumröder über die meteorologischen Gegebenheiten vor Ort auf. „Dort wird wieder Feuchtigkeit aufgenommen, und dann prallen die Wolken östlich von der Rheinebene an die Berge. Hier regnet es wieder ab. Und die Altstadt von Heidelberg erstreckt sich wie ein langer Trichter, sie verjüngt sich nach Osten, sodass die Regenwolken in das Tal hineingleiten und es zu dem typischen hauchzarten und feinen Nieselregen kommen kann. Das ist gut für den Teint", erklärt Blumröder.

Vielleicht schaut die Schöne deshalb so gelassen. Weil sie genau weiß: Sie hat dort an ihrer Ecke eigentlich einen entspannten Job. Sollte sie bei ihrer Aufgabe, allzu viel Nässe von der Stadt fernzuhalten, doch mal verlieren, gibt es höchstens Nieselregen. Und der ist gut für ihren Teint. Welcher Frau würde das nicht gefallen?!

Eva-Maria Bast

So geht's zum Neidkopf:

Er hängt am Hauseck Kleine Mantelgasse / Lauerstraße.

Isabel Ritter-Göhringer weiß: das Zierelement über der Tür weist auf die Profession des Hausbesitzers hin.

41

Handwerkerzeichen

Ein Schaufenster der etwas anderen Art

Zu zeigen, was man hat, und zu zeigen, was man kann, gehört zu den Grundzügen und den Grundvoraussetzungen des Handels. Schließlich müssen die Kunden ja wissen, was sie für ihr Geld bekommen. Vor allem aber gilt es, sich selbst, sein Unternehmen und seine Dienstleistung aus der Flut der Angebote hervorzuheben. Früher haben Händler das getan, indem sie ihre Ware und deren Qualität lautstark auf Märkten anpriesen. Später dann, wie heute noch, stellten sie die besten Stücke in Schaufenstern aus.

Eine Art riesiges Schaufenster der Steinmetzkunst ist das Haus eines Baumeisters in der Kleinen Mantelgasse 12. Isabel Ritter-Göhringer, die seit mehr als vier Jahrzehnten Stadtführungen anbietet und die vielen kleinen Heidelberger Sträßchen und Gassen in- und auswendig kennt, hat es entdeckt. „Im Grunde ist es einfach eine sehr abwechslungsreich gestaltete Fassade", bringt sie das Erscheinungsbild des Hauses auf den Punkt. „Aber es ergibt sich kein Gesamtkunstwerk, es sind stattdessen sehr viele kleine, unterschiedliche Elemente zu sehen. Verschiedene Arten der Oberflächengestaltung, Ornamente, Fensterrahmen unterschiedlicher Art und Türeinfassungen mit unterschiedlichen Elementen." Der Grund: „Das ganze Haus ist so etwas wie ein riesiger Ausstellungskatalog", erklärt Isabel Ritter-Göhringer. So wie sich Menschen, die sich einen Fußboden kaufen wollen, Muster ansehen, konnten sich die Bauherren vor Ort ganz gezielt die Verzierungen für ihr Haus aussuchen und entscheiden, wie die Oberfläche der Steine behauen sein sollte.

„Aber es ergibt sich kein Gesamtkunstwerk, es sind stattdessen sehr viele kleine, unterschiedliche Elemente zu sehen."

Darauf, welchem Handwerk der Hausbesitzer nachging, weisen auch die vielen aus Stein gehauenen Werkzeuge hin, die ebenfalls über der Tür abgebildet sind: ein Zirkel, ein Winkeleisen, fünf verschiedene Hämmer und ein Meißel. Ein solcher Hinweis auf das Gewerbe – ein mittelalterliches Werbeschild gewissermaßen – findet sich auch ein Stück aufwärts am Haus Kleine Mantelgasse 1, wo ein kleines Pferd und ein Hufeisen davon künden, dass der Hausbesitzer Schmied ist und gern die Hufe der vorbeikommenden Rösser neu beschlagen möchte (siehe Geheimnis 44).

Beim Gang durch die Kleine Mantelgasse konnte man also mindestens zwei Dinge auf einmal erledigen: sich über die Hausgestaltung Gedanken machen und gleich noch das Pferd neu beschlagen lassen. Der Weg lohnte sich damit allemal.

Eva-Maria Bast

So geht's zum Handwerkerzeichen:

Es ist an dem reich verzierten Haus in der Kleinen Mantelgasse 12 zu bewundern.

Für einen Zoo sieht der Eingangsbereich mit seinem Tor außergewöhnlich aus. Das liegt daran, dass es einst zum Zentralfriedhof gehörte.

42

Portal

Einst Einlass zum Zentralfriedhof

W as haben die Tiere im Heidelberger Zoo mit etlichen Toten auf dem Ehrenfriedhof gemeinsam? „Natürlich gar nichts", könnte die empörte Antwort auf die Frage lauten. Doch Wolfgang Becker weiß, dass es durchaus eine Verbindung zwischen beiden gibt: Der Boden, auf dem erstere heute leben, ist derselbe, in dem letztere früher lagen. „Auf dem Gelände des Zoos befand sich bis 1934 der Zentralfriedhof", erklärt der Technische Leiter der Heidelberger Friedhöfe. Eines der wenigen Relikte, anhand derer sich das heute noch erkennen lässt, ist der Haupteingang, der einst das Portal für die Gräberstätte war.

Um zu erklären, wie es dazu kam, muss Wolfgang Becker bis in die Mitte des 19. Jahrhunderts zurückgehen. „Anfang der 1850er-Jahre gelangte der Bergfriedhof an seine Grenzen, was die Kapazität anging. Erdreihenbestattungen konnten damals nicht mehr stattfinden, weil kein Platz mehr zur Verfügung stand." Also beschloss die Stadt 1907, auf dem Neuenheimer Feld im Neckarbogen einen Zentralfriedhof zu errichten. Die Bauarbeiten begannen im Jahr 1914, aber sie wurden nie vollendet. „Der Erste Weltkrieg kam dazwischen. In seinem Verlauf widmete die Stadt das Gelände in einen Soldatenfriedhof um", erklärt der Friedhofsexperte. Ohnehin hatten schon in den ersten Kriegsmonaten die Gefallenen hier ihre letzte Ruhe gefunden. In der *Heidelberger Chronik* aus dem Jahr 1914 steht dazu geschrieben: „Seit dem Kriege sind schon manche tapfere, in den hiesigen Lazaretten gestorbene Krieger beigesetzt worden, die weihevolle Stätte bildete einen Wallfahrtsort für viele in diesen bewegten Tagen, und sie alle wurden innerlich ergriffen auch durch die Schönheit, die über diesen Platz des Friedens reich ausgegossen ist." Doch mit dem Frieden und der ewigen Ruhe war es 1934 vorbei. Was war geschehen?

Ab Mitte der 1920er-Jahre begannen auf Entschluss des Reichstags die Arbeiten für die Kanalisation des benachbarten Neckars. 1924 entstand sein Seitenkanal, außerdem stauten künftig die Schleuse Schwabenheim und das Stauwehr Wieblingen den Fluss. „Dadurch stieg der Grundwasserspiegel in den ufernahen Bereichen so sehr, dass auf dem Gelände des Zentralfriedhofs keine Bestattungen mehr stattfinden konnten", sagt Wolfgang Becker. Eine neue Ruhestätte für die rund 600 Toten musste

„Der Erste Weltkrieg kam dazwischen. In seinem Verlauf widmete die Stadt das Gelände in einen Soldatenfriedhof um."

her, doch nicht irgendeine. Sie sollte einen „weihevollen" Eindruck machen und großen Versammlungen Raum bieten, um „vaterländische Gedenktage würdig zu begehen", entschied der damalige Heidelberger Oberbaurat Fritz Haller.

Es dauerte bis 1932, bis der geeignete Ort dafür feststand. Die Wahl fiel auf den sogenannten Ameisenbuckel auf dem Gaisbergdorn, wo der Reichsarbeitsdienst 1933 mit dem Bau im Stil des Nationalsozialismus begann. Ein Jahr später konnte die Eröffnung stattfinden und die auf dem Zentralfriedhof verbliebenen Toten – mehr als 80 waren zwischenzeitlich bereits in die Friedhöfe ihrer Heimat überführt worden – wurden am 27. Oktober 1934, dem Tag vor Allerseelen, auf den neuen Ehrenfriedhof umgebettet.

„Schon vier Wochen später eröffnete auf dem Gelände am Neckar der Kurpfälzische Tiergarten", weiß der Friedhofsexperte. Die Fläche wurde hierfür komplett umgestaltet, den Eingangsbereich mit seinem Tor behielt man aber bei. Am 20. November 1934 konnte eröffnet werden. „Die Anfangsjahre waren schwierig, weil Geld fehlte und die Heidelberger in den Jahren des Zweiten Weltkriegs anderes im Sinn hatten, als in den Zoo zu gehen", sagt Becker. In den letzten Kriegsmonaten fiel der Tiergarten einem Bombenangriff zum Opfer und wurde fast vollständig zerstört, der Wiederaufbau ging nur langsam vonstatten. Doch diese Jahre sind lange vorbei.

„Dadurch stieg der Grundwasserspiegel in den ufernahen Bereichen so sehr, dass auf dem Gelände des Zentralfriedhofs keine Bestattungen mehr stattfinden konnten."

Inzwischen passieren jedes Jahr rund 500.000 Besucher das Eingangstor aus Friedhofstagen, um sich die mehr als 2.000 Tiere in über 170 Arten aus der Nähe anzusehen. Schönheit in vielen Facetten ist hier immer noch zu finden.

Heike Thissen

So geht's zum Portal:

Das Eingangstor zum Heidelberger Zoo steht in der Tiergartenstraße 3.

43

Setzkasten

Relikt eines ehrgeizigen Projekts

Für die Menschen, die im 18. Jahrhundert im heutigen Stadtteil Rohrbach lebten, war sauberes Trinkwasser eine Selbstverständlichkeit. Für den Kurfürsten Carl Theodor (1724-1799) und dessen Hofstaat in Mannheim hingegen, der 1720 unter Kurfürst Karl Philipp (1661-1742) von Heidelberg an den Rhein umgezogen war, stellte es ein kostbares Gut dar, das vor Ort nicht zu bekommen war. Kein Wunder also, dass sich der Herrscher unbedingt einen Zugang zu Rohrbacher Wasser wünschte. Mit dieser Sehnsucht eng verknüpft ist ein eigenartiges steinernes Becken vor dem Bürgeramt in Rohrbach.

„Hierbei handelt es sich um einen sogenannten Setzkasten der Traitteur'schen Wasserleitung, die Rohrbacher Wasser bis nach Mannheim transportieren sollte", sagt Hans-Jürgen Fuchs vom Stadtteilverein Rohrbach. Vor einigen Jahren sei der aus massivem Sandstein gehauene Kasten bei Bauarbeiten gefunden und anschließend an seinem heutigen Standort aufgestellt worden. „Hier lief das Wasser hinein", sagt Fuchs und deutet auf diejenige von zwei Öffnungen in den Wänden des Kastens, die höher liegt. „Im Kasten sanken Sand und Schlamm auf den Boden ab, sodass auf der anderen Seite gereinigtes Wasser rausfloss", erläutert er die Funktion der zweiten, niedriger liegenden Öffnung (siehe Geheimnis 36). Dass man den Setzkasten gefunden hat, sei ein Beweis dafür, dass die Leitung tatsächlich hier entlanglief. „Aber sie erreichte Mannheim nie. In Eppelheim war Schluss, weil das Unterfangen dann doch zu teuer und zu aufwändig war", nimmt Fuchs das Ende der Geschichte voraus und erklärt, wie es dazu kam.

Der Rohrbacher Buchhändler Ludwig Schmidt-Herb, der sich eingehend mit der Wasserleitung und ihrer Geschichte beschäftigt hat, schreibt in einem Beitrag: „Mannheims chronischer Wassermangel war quasi ein Geburtsfehler der 1607 gegründeten Stadt,

Erinnert an ein ehrgeiziges Vorhaben: Hans-Jürgen Fuchs kennt die Geschichte, die sich hinter dem Becken aus Sandstein verbirgt.

denn es gab kein ausreichendes Grundwasser." Es dauerte viele Jahre, bis der kurpfälzische Ingenieur und Unternehmer Johann Andreas von Traitteur (1752-1825) 1790 auf Betreiben von Kurfürst Karl Theodor eine praktikable Lösung vorlegte. „Wegen Mangel eines gesunden, guten Brunnenwassers wurde, so lang die Hofhaltung in Mannheim war, täglich das nöthige Wasser für dieselbe aus dem Gebirg beigeführt. Bekanntlich mußte die Hofkammer einen besonderen dazu eingerichteten Wasserwagen halten, welcher täglich nach Heidelberg fuhr, und das Wasser aus dem Fürstenbrunnen oben im Schloßhof ablangte", schrieb Traitteur später über die Anstrengungen, die der Kurfürst unternehmen musste, um seinen Hofstaat mit Trinkwasser zu versorgen.

Die Bevölkerung jedoch habe weiterhin unter dem Trinkwassermangel gelitten: „Alle Jahre bei heißem Sommer schreien die Aerzte, und das ganze Publikum über die herrschenden Krankheiten; mehrere Tausend Menschen wurden schon in einem Sommer von Faulfieber, Deffenterie, und anderen Krankheiten überfallen." Ekelhafter Geschmack und fauler Geruch zeichneten das städtische Brunnenwasser aus, „sogar die Pferde, Hunde, und anderes Vieh saufen das Wasser von vielen Brunnen nicht". Das in dem Wasser gekochte Fleisch verfärbe sich blau und es bilde salpeterartigen Schaum. Kein Wunder also, dass sich die Mannheimer sehnlichst sauberes Wasser wünschten.

„Traitteurs Idee war, dass das Quellwasser aus den Wäldern rund um Rohrbach in Leitungen aus Ton gesammelt und in einem Kanal bis nach Mannheim transportiert werden sollte", erklärt Fuchs. Der Plan sah vor, konisch zulaufende Rohrstücke so ineinanderzustecken, dass Wasser in ihnen transportiert werden konnte. Die knapp 20 Kilometer lange Strecke sollte von Rohrbach über die Rheinebene bis nach Mannheim führen. Damit würde ab 1792 – so versprach es der Baumeister – genügend Wasser zum Trinken und für den häuslichen Gebrauch bereitstehen, 54 Zapfstellen und Brunnen würden daraus gespeist werden.

1790 begannen die Arbeiten. Die veranschlagten Kosten von rund 90.000 Gulden streckte Traitteur persönlich vor. Mit Kurfürst Carl Theodor war vereinbart, dass Traitteur sein Geld später aus der

Staats-Cassa zurückerhalten sollte, was aber schlussendlich nur teilweise geschah. Nach fünf Jahren Bauzeit – Traitteur konnte sein Versprechen hinsichtlich der Fertigstellung im Jahr 1792 nicht halten – waren erst zwei Drittel fertiggestellt und Kriegswirren, mutwillige Zerstörungen und ein drohender Staatsbankrott sorgten dafür, dass der Bau stockte.

Französische Revolutionstruppen eroberten im Rahmen des Ersten Koalitionskrieges am 20. September 1795 Mannheim, und österreichische Truppen versuchten, sie am Vormarsch gegen Heidelberg zu hindern. „Und was die Soldaten übrig ließen, holten sich Bauern, die dieses Projekt von Beginn an nur zähneknirschend hingenommen hatten", fasst Ludwig Schmidt-Herb in seinem Beitrag zusammen. Für die Wasserleitung, die zu diesem Zeitpunkt bis nach Seckenheim führte, bedeuteten diese Ereignisse das Ende. 1798 wurde der Traum von Rohrbacher Trinkwasser in Mannheim offiziell begraben. „Traitteur blieb auf seinen Kosten weitgehend sitzen, vor allem, nachdem Carl Theodor 1799 gestorben war und die Kurpfalz ab 1803 Baden einverleibt wurde. Da wollte niemand mehr etwas von der Wasserleitung wissen, die zu dem Zeitpunkt ohnehin schon zerstört war", erklärt Hans-Jürgen Fuchs.

Mannheim löste sein Trinkwasserproblem 90 Jahre später schlussendlich auf andere Weise: Das Wasser aus dem Grundwasserstrom im Käfertaler Wald wurde ab 1889 in einem Hochbehälter am Friedrichsplatz gelagert und von dort an die Haushalte verteilt. Wie jedoch Heidelberg seine Bürger mit frischem Wasser versorgte, ist eine weitere spannende Geschichte (siehe Geheimnis 36).

Heike Thissen

So geht's zum Setzkasten:

Der Setzkasten der Traitteur'schen Wasserleitung steht vor dem Bürgeramt in Rohrbach, Seckenheimer Gäßchen 1.

44

Pferderelief
Ein unscheinbares Werbeschild

Gisela Leber stammt aus einer alten Heidelberger Familie. Seit Jahrhunderten haben ihre Vorfahren in der Stadt ihre Spuren hinterlassen. Einige davon sind nicht zu übersehen. Dazu gehört zum Beispiel ein Grabstein an der Peterskirche, der an den ersten Heidelberger Bürgermeister Matthes Mais erinnert, oder die Villa, in der ihr Urgroßonkel, der renommierte Augenheilkundler Prof. Dr. Theodor Leber (1840-1917), wohnte und seine Klinik betrieb. Andere Relikte, die noch heute an Gisela Lebers Ahnen erinnern, sind dagegen so klein und unscheinbar, dass man sie kaum wahrnimmt. Eines davon besteht aus einem fröhlich trabenden Pferdchen und einem Hufeisen, die über der Tür im Eckhaus von Kleiner Mantelgasse / Untere Straße zu sehen sind.

„Im Vorbeilaufen achtet niemand darauf, weil Pferd und Hufeisen dieselbe Farbe wie der Türstock haben und deshalb gar nicht auffallen", erklärt die Rohrbacherin. Früher, so hat sie einer Ahnenliste entnommen, waren beide vergoldet und somit gut zu sehen. Dass sie Aufmerksamkeit erregten, war wichtig für den Mann, der sie über seiner Tür hatte anbringen lassen. Denn Hans Peter Siegel, der sich in der Schreibweise *Hanns Peter Siegell* links und rechts des Hufeisens verewigt hat, war als Hufschmied darauf angewiesen, dass seine Kunden ihn schnell und unkompliziert fanden.

„Leider wissen wir so gut wie gar nichts über sein Leben", bedauert Gisela Leber. Immerhin sei in ihrer Ahnenliste vermerkt, dass Hans nur der Rufname des Vorfahren gewesen sei und dieser eigentlich Johann hieß. „Er wurde 1663 in Limbach geboren und 1700 Bürger in Heidelberg. Außerdem haben wir herausgefunden, dass seine Tochter mit dem Zinngießer Georg Daniel Mays verheiratet war. Und dessen Sohn gleichen Namens, also Siegels Enkel, wiederum war Handelsmann und der erste Oberbürgermeister von Heidelberg von 1805 bis 1819", erklärt sie die familiären Zusammenhänge.

Und die Heimatforscherin überlegt: „Wenn er gewusst hätte, welche Bedeutung seine Nachfahren für Heidelberg haben würden, wäre er mit Sicherheit sehr stolz gewesen." Dass zum Beispiel der Enkel des ersten Oberbürgermeisters, der Kommunalpolitiker Albert Mays (1818-1893), sich als Stadthistoriker einen Namen machen würde, ahnte der Hufschmied mit Sicherheit nicht. Doch tat

Wenn Gisela Leber am Haus ihrer Vorfahren vorbeikommt, wirft sie immer einen Blick zum Pferdchen und zum Hufeisen hinauf.

sächlich gilt Mays, der auch mehrere Jahre Abgeordneter im badischen Landtag und Stadtrat war, mehr als 100 Jahre nach seinem Tod noch immer als ein anerkannter und verdienter Heimatforscher in Heidelberg. „Auf seine Anregung hin erwarb Heidelberg die Sammlung Graimberg, die am 14. Juli 1879 an die Stadt übergeben wurde. Das war eine Sammlung von Kunstgegenständen zur Geschichte Heidelbergs und der Pfalz, aus der später das Kurpfälzische Museum hervorging", erklärt seine Nachfahrin. Aus dem Nachruf in der *Heidelberger Chronik* geht hervor, dass man sich schon zu Mays Lebzeiten bewusst war, welch große Rolle er für die Stadt gespielt hat. Demnach war Mays „ein Mann, dem für das Wohl und Wehe seiner Vaterstadt das wärmste Herz in der Brust schlug, der bei keiner sich bietenden Gelegenheit versäumte, entschlossen für die Interessen der Stadt einzutreten". Ein begeisterter Freund Heidelbergs sei er gewesen, der sich um die Erforschung von dessen Geschichte verdient gemacht und seinen Teil dazu beigetragen habe, das Lob der Stadt und ihrer herrlichen Umgebung weit in die Lande hinaus zu verbreiten. „Ein dankbares Andenken für all' das, was er unserer Stadt war und leistete, bleibt ihm über das Grab hinaus erhalten!"

Pferdchen und Hufeisen über dem Türstock.

Bei solchen Vorfahren ist es kein Wunder, dass auch Gisela Leber sich intensiv mit der Geschichte ihrer Heimatstadt auseinandergesetzt hat. „In meinen Augen erinnern Pferdchen und Hufeisen nicht nur an einen tüchtigen Hufschmied, sondern auch an dessen Nachfahren, die beruflich eine ganz andere Richtung eingeschlagen haben", sagt sie mit Blick auf Pferd und Hufeisen. Eines jedoch scheinen alle Siegels und Mays gemeinsam zu haben: dass sie erfolgreich waren in dem, was sie taten.

Heike Thissen

So geht's zum Pferderelief:

Pferd und Hufeisen sind am Eckhaus Kleine Mantelgasse 1 / Untere Straße zu finden.

*Das Mausoleum des Ehepaars Bartholomae überragt alle anderen
Grabstätten bei weitem. Doch wer waren die beiden eigentlich?*

45

Mausoleum

Gedenken an ein Brauer-Ehepaar

Wenn das nicht ein imposantes Grab ist! Wer über den Heidelberger Bergfriedhof spaziert, kann gar nicht anders als verweilen und staunen. Da liegen zwei ägyptische Sphingen aus Bronze zu Füßen einer Steintreppe und bewachen eine schwere Bronzetür. Über ihnen erhebt sich eine Tempelkammer, in deren Innerem eine Figurengruppe aus weißem Marmor zu sehen ist. „Ich staune auch immer wieder, wenn ich hier stehe", sagt Wolfgang Becker. Und das will etwas heißen, schließlich ist Becker Technischer Betriebsleiter der Heidelberger Friedhöfe. Qua Amtes ist er auch immer wieder im Bereich Litera T unterwegs, in dem sich das Mausoleum befindet. Doch wer hat sich hier für so ein repräsentatives Grab entschieden? Der Name *BARTHOLOMAE* prangt am Giebel. Aber er hilft im Gegensatz zu den vielen anderen berühmten Namen auf dem Bergfriedhof nicht weiter.

165

„Das Grab des Ehepaars Bartholomae ist ohne Zweifel das größte und imposanteste hier auf dem Bergfriedhof", beginnt Becker zu erzählen. Wer genau hinsieht, kann die Bildnisse der beiden Menschen, die hier ihre letzte Ruhe fanden, im Mausoleum entdecken: Dort hängen zwei marmorne Medaillons, die Philipp Bartholomae (1837-1901) auf der linken und seine Frau Sophie auf der rechten Seite zeigen. Die Eheleute blicken sich liebevoll an, so, wie sie es vermutlich auch zu Lebzeiten getan haben. Denn dass die Verbindung zwischen diesen beiden Menschen – zumindest in wirtschaftlicher Hinsicht – eine sehr prosperierende war, daran gibt es keinen Zweifel.

„Philipp Bartholomae war gebürtiger Heidelberger, der als Bierbrauer nach Amerika gegangen ist. Dort war er so erfolgreich, dass er es zu großem Reichtum gebracht hat", erklärt Wolfgang Becker. Im Alter hätten sich Philipp und Sophie entschieden, in die Heimat zurückzukehren und den Lebensabend am Neckar zu verbringen. „Als seine über alles geliebte Frau 1898 starb, ließ der Brauer ihr diese Grabanlage bauen und scheute dabei keine Kosten: Er entschied sich für die teuersten Materialien, die es damals auf dem Markt gab." Verschiedene Granitarten sind genauso verbaut worden wie echter italienischer Marmor. Bartholomae beauftragte den Weinheimer Architekten Otto Hasslinger mit der Planung für die letzte Ruhestätte seiner Frau, die später auch seine eigene werden sollte. „Die Marmorarbeiten wurden von italienischen Bildhauern ausgeführt, außerdem waren die Granitwerke in Bensheim und eine Erzgießerei in Stuttgart an den Arbeiten beteiligt", führt der Friedhofsexperte weiter aus.

Wolfgang Becker gehört zu den wenigen, die durch die Bronzetür hinter ihm die Gruft schon einmal betreten haben.

Als drei Jahre später auch Philipp Bartholomae stirbt, ist das der *Chronik der Stadt* in ihrer Rubrik über die Verstorbenen einen

Eintrag wert: „Ihre Reihe eröffnete am ersten Tage des Jahres Philipp Bartholomä, ein Heidelberger von Geburt, der sich in Amerika durch Geschick und rastlose Arbeit als Bierbrauer ein großes Vermögen erworben, dann, in die Heimat zurückgekehrt, sich an einer besonders schönen Stelle des Molkenkurhügels ein Landhaus erbaut hatte." Und weiter ist dort zu lesen: „Eine prächtige Begräbnisstätte, die er sich und seiner Frau auf dem Friedhof errichtet, hat nun ihn und seine ihm vor kurzem vorangegangene Gattin zur letzten Ruhe aufgenommen."

Bartholomae hinterließ der Stadt nicht nur eine Begräbnisstätte, die noch mehr als 100 Jahre nach seinem Tod beeindruckt. Er vermachte ihr auch 50.000 Goldmark, mit denen seine letzte Ruhe gewährleistet und sein Grabmal gepflegt werden sollte. „Das war eigentlich unvorstellbar viel Geld für die damalige Zeit. Leider ist es wegen der anschließenden Inflation ganz schnell verpufft", kommentiert Becker. Dennoch hege und pflege man das Mausoleum – auch mit Unterstützung der Denkmalstiftung Baden-Württemberg, die zur Sanierung im Jahr 2014 25.000 Euro beisteuerte. Von außen glänzt es seither wieder wie neu.

„Man kann sich gar nicht vorstellen, dass es im Inneren eher schlicht gehalten ist", überlegt der Technische Betriebsleiter der Friedhöfe, der als solcher den Schlüssel zu der bronzenen Tür hat und deshalb die Gruft betreten kann. „Die Grabkammer ist wesentlich kleiner, als es das Äußere vermuten lässt. Da stehen eigentlich nur die beiden Särge drin." Im Tod auf immer vereint – etwas anderes hätten sich Philipp und Luise Bartholomae vermutlich nicht vorstellen können.

Heike Thissen

....

So geht's zum Mausoleum:

Das Mausoleum des Ehepaars Bartholomae steht im Abschnitt Litera T auf dem Bergfriedhof, Steigerweg 20.

46

Nadler-Denkmal
Zwei verschiedenen Männern zur Ehr'

Offiziell ist die bronzene Büste auf dem Krahnenplatz ein Denkmal, das an Karl Gottfried Nadler (1809-1849) erinnert. Es zeigt Kopf und Torso des Heidelberger Juristen und Mundartdichters auf einem Buntsandsteinsockel. *Dem Pfälzer Dichter Karl Gottfried Nadler 1809 1849* ist als Inschrift vom Krahnenplatz aus zu lesen. Wer sich dem Kunstwerk jedoch von hinten nähert, dem zeigt sich eine andere Widmung: *Dem Gedenken an Karl Ries von dessen Gattin 1897 gewidmet.* „Das finde ich das Sympathische an diesem Denkmal", sagt Altstadtkenner Fritz Hartmann, der sein ganzes Leben lang nicht weit vom Krahnenplatz entfernt wohnt. „Eigentlich soll es an Nadler erinnern. Aber mindestens genauso erinnert es an einen Mann, der vielleicht schon längst vergessen wäre, wenn seine Frau ihn hier nicht verewigt hätte."

„Nadler war ein Heimatdichter, auf den wir Heidelberger auch heute noch sehr stolz sind", erzählt Fritz Hartmann. Er wurde am 19. August 1809 in der Heidelberger Augustinergasse 7 geboren und studierte nach dem Abitur sowohl in seiner Heimatstadt als auch in Berlin Jura. Das politische Geschehen seiner Zeit beobachtete er mitunter spöttisch. Dabei nahm er beispielsweise die revolutionären Strömungen rund um den badischen Revolutionsführer Friedrich Hecker (1811-1881) auf die Schippe. Dieser führte von Konstanz aus einen bewaffneten Aufstand an, welcher kurz darauf bereits im Südschwarzwald von Truppen des Deutschen Bundes zerschlagen wurde. In diesem Sinne dichtete er nach der Niederlage des Heckerzuges auch das Guckkasten-Lied vom großen Hecker, das ihm später zum Verhängnis wurde. Es beginnt:

Seht, da steht der große Hecker, / eine Feder auf dem Hut,
seht, da steht der Volkserwecker, / lechzend nach Tyrannenblut.

So viel Hohn auf ihren Anführer konnten zwei Hecker-Anhänger nicht ertragen und verübten am 21. Juni 1849 ein Attentat auf Nad-

Vom Marstall aus betrachtet erinnert das Nadler-Denkmal –
wie geplant – an den Heimatdichter Johann Gottfried Nadler.

ler. Er überlebte es zwar knapp, starb aber an den Folgen im Alter von nur 40 Jahren und wurde auf dem Bergfriedhof beigesetzt.

Wenn Fritz Hartmann an Nadler denkt, fällt ihm nicht das Guckkasten-Lied, sondern das Gedicht *Die Abodhekersbüchs* ein, das er als Kind auswendig gelernt hat und noch immer rezitieren kann: *Manch aldi Abodhekersbüchs / Führt Tiddel groß und schwer, Und mächt mar ihren Deckel uf, / Do schtinkt se un is leer.*

„In dem Gedicht über eine Apothekerbüchse geht es darum, der Obrigkeit eins auszuwischen, die zwar mit Adelstiteln prahlt, aber ohne dass wirklich etwas dahintersteckt", übersetzt der Stadtkenner für all jene, die des Pfälzischen nicht so mächtig sind wie er. An eine Empfehlung Nadlers aus dem Gedicht hat sich Hartmann ohnehin sein Leben lang gehalten:

Doch wann als Mann dich Ehr un Pflicht / Emol zum Rede zwingt, Dann schnubb nit aus Verlegenheit – / Sag laud un gradaus :„'s schtinkt!"

Will heißen: Wem Missstände auffallen, der soll sie benennen und aufdecken. Das alles fällt Fritz Hartmann ein, wenn er am Nadler-Denkmal vorbeigeht. Und dann ist da noch das Gedenken an Karl Ries, über den die Inschrift nicht mehr verrät, als dass seine Witwe ihm das Denkmal gestiftet hat.

Mindestens genauso wie an den Dichter erinnert das Denkmal an einen Mann namens Karl Ries.

Früher, als sich das Denkmal noch an seinem ursprünglichen Standort an der Leopoldstraße befand, waren beide Inschriften untereinander platziert und somit auf einen Blick zu lesen. Erst seit es im Jahr 1938 an den Krahnenplatz umzog, wurde der Sockel erneuert. Seither zeigen die Inschriften in entgegengesetzte Richtungen. Es ist nichts darüber bekannt, warum das so ist.

„Karl Ries war Postkassierer hier in Heidelberg. Seine Witwe Luise schrieb 1896 an den Oberbürgermeister Dr. Karl Wilckens einen Brief, in dem sie 8.000 Mark für ein Denkmal zur Verfügung stellte, mit dem an ihren Mann erinnert werden sollte", erklärt Fritz Hartmann die Hintergründe. Das traf sich gut, hatte doch zeitgleich ein Neffe der Witwe Ries, der Karlsruher Dichter und Nadler-Verehrer Heinrich Vierordt, ohnehin den Wunsch geäußert, seinem Idol ein Denkmal zu setzen. Er setzte sich mit seiner Tante Luise in Verbindung, klärte die Details – wie zum

„Seither hat Heidelberg ein Denkmal, das sowohl an einen sehr bekannten Mann erinnert als auch an einen einfachen Postkassierer, den seine Witwe nicht vergessen wissen wollte."

Beispiel, dass der Karlsruher Bildhauer Hermann Volz (1847-1941) das Denkmal schaffen solle. Dann sprach er mit Volz über die Kosten und es stellte sich heraus, dass eine eineinhalbmal lebensgroße Bronzebüste mit 5.000 Mark zu Buche schlagen würde, ein adäquater Granitsockel mit weiteren 3.000 Mark – also genau dem Betrag, den Luise Ries ohnehin hatte spenden wollen.

Am 11. August 1897, fast auf den Tag genau am 88. Geburtstag Gottfried Nadlers, wurde das Denkmal mittags um 11.30 Uhr enthüllt – damals noch in einer Grünanlage des ehemaligen Hotels Victoria. Abends um 20.30 Uhr fand ein Festbankett statt. „Seither hat Heidelberg ein Denkmal, das sowohl an einen sehr bekannten Mann erinnert als auch an einen einfachen Postkassierer, den seine Witwe nicht vergessen wissen wollte", fasst Fritz Hartmann zusammen. Mehr als 120 Jahre nach Enthüllung der Bronzebüste lässt sich sagen: Luise Ries hat ihr Ziel erreicht.

Heike Thissen

So geht's zum Nadler-Denkmal:

Das Denkmal, das an Johann Gottfried Nadler und zugleich an Karl Ries erinnert, steht auf dem Krahnenplatz.

171

Die Inschrift verweist auf die frühere Nutzung des Gebäudes.

47

Schlussstein

Ein Heim für Pilger und Kranke

Über dem Torbogen ist *ELENDE HERBERC* zu lesen. Zwischen den beiden Worten steht ein Mann, der in der rechten Hand einen Hut sowie in der linken einen Stock hält und sich damit als Wandernder ausweist. Dann noch eine Jahreszahl – *1735* – sowie die Initialen *H* und *B*.

Der Heidelberger Eberhard Grießhaber hat sich viel mit der ab 1714 erbauten Annakirche beschäftigt und kennt sich bestens mit ihrer Geschichte aus – und auch mit der des benachbarten ehemaligen Hospitals, das heute ein Alten- und Pflegeheim ist, und seines Torbogens – eben jenem, auf dem der Mann seinen Hut lüftet. Denn beide, Kirche und Hospital, sind eng miteinander verwoben. „Diese Inschrift ist der Schlussstein für das Hospital", erklärt er. *Elende Herberc* bedeute jedoch nicht, dass hier nur Menschen, die sich elend fühlten, aufgenommen wurden, sondern auch Pilger und

„Fremde". Dazu passt die Herkunft des Wortes „elend": Es stammt aus dem Mittelhochdeutschen und bedeutete „anderes Land" oder auch „Verbannung".

Der Grund, warum man ausgerechnet die Plöck auswählte, um ein Armen- und Krankenhaus zu errichten, ist in zwei Motiven zu finden: Zum einen gab es in dem damals noch in der Vorstadt gelegenen Bereich einen „Gesundbrunnen", dem gutes Wasser entsprang. Zum anderen wollte man Arme und Kranke aus der Stadt heraushaben. In einem *Pfarrbrief der Katholischen Stadtkirche Heidelberg* ist dazu zu lesen: „Es sei in diesem Zusammenhang daran erinnert, dass St. Anna (Heim und Kirche) 1714 buchstäblich ‚vor den Toren der Stadt' erbaut wurde, während der Vorgängerbau an der Stelle des heutigen Kurpfälzischen Museums stand, also mitten in der Stadt. Den ständigen Anblick von Alten, Kranken, Dahinsterbenden empfanden Kurfürst und Bürgerliche in einer barocken Prachtstraße als unzumutbar. Darum hieß es: hinaus mit ihnen in die Plöck!"

Das einstige Hospital erstreckt sich östlich des Gotteshauses. „Eigentlich", sagt Eberhard Grießhaber, „hätte das Hospital in der Plöck noch größere Ausmaße haben sollen." Ursprünglich war geplant gewesen, auch auf der westlichen Seite der St.-Anna-Kirche einen Flügel anzubringen. Das hätte dann das Pfründnerhaus sein sollen, in dem sich Pfründ-

Eberhard Grießhaber vor dem Torbogen mit dem Schlussstein.

ner einkaufen konnten. „Die Kirche wäre dann also mittig zwischen zwei identischen Flügeln gestanden", erklärt der Heidelberg-Kenner, „doch dann ging das Geld aus." Ein direkter Übergang von der St.-Anna-Kirche in den Westflügel war aber bereits angelegt. Man kann ihn auch noch gut erkennen, er befindet sich innen an der Westwand der Kirche, heute ist er allerdings zugemauert.

Im Zuge des Ersten Vatikanischen Konzils wurde das Krankenhaus aufgelöst, die Ordensschwestern, die es betrieben, mussten gehen und auch die katholische Kirchengemeinde zog aus: Während des Konzils spaltete sich die Glaubensrichtung der Alt-Katholiken, die mit den Beschlüssen des Konzils nicht einverstanden war, von der römisch-katholischen Kirche ab (siehe Geheimnis 02). Der Groß-herzog von Baden verfügte durch das Alt-Katholikengesetz vom 15. Juni 1874, dass bestimmte Kirchen in der Region, auch diese, den Alt-Katholiken zur Verfügung gestellt werden müssen. Dr.

„Die Kirche wäre dann also mittig zwischen zwei iden-tischen Flügeln gestanden."

Ewald Keßler schreibt dazu im *Jubiläums-Gemeindebrief 140 Jahre Alt-Katholische Gemeinde Heidelberg*: „(D)er badische Staat […] bestimmte, dass die Alt-Katholiken weiterhin katholisches Kirchen-eigentum benützen durften. So bekamen die Heidelberger Alt-Katholiken die Heiliggeistchorkirche und die Pfründe der St.-Anna-Kirche zur Benutzung zugesprochen."

All diesen Wandel hat der Wanderer auf dem Schlussstein, der seit 1735 an Ort und Stelle sitzt, mitbekommen. Sonderlich verun-sichert hat ihn das allerdings nicht: Er stützt sich auf seinen Stock, hält den Hut in die Höhe und wendet das Gesicht dem Betrachter zu, als wolle er fragen: „Soll ich etwa fort? Wohin sollte ich denn gehen?"

So gesehen, scheint die *Elende Herberc* ein sehr zuverlässiger Ort zu sein. Schön, dass der kleine Mann so viele Jahre am Schluss-stein überdauert und sowohl Wind und Wetter als auch Vandalis-mus getrotzt hat.

Eva-Maria Bast

So geht's zum Schlussstein:

Er hängt über der Toreinfahrt zum ehemaligen Hospital, dem heutigen Altenpflegeheim St. Anna östlich der St. Annakirche in der Plöck.

Ursula Lorenz steht neben der hoch aufragenden Mauer in der Mannheimer Straße, deren Zweck sich nicht so recht erschließen will.

48

Brückenkopf
Was von der Neckarquerung blieb

R ad- und Autofahrer müssen sich auf der vielbefahrenen Mannheimer Straße zu sehr auf den Verkehr konzentrieren, als dass sie diesem eigenartigen Bauwerk einen Blick gönnen könnten. Sonst würde ihnen durchaus auffallen, dass sich auf Höhe von Hausnummer 15 plötzlich eine mehrere Meter hohe Betonwand erhebt, deren Sinn und Zweck sich überhaupt nicht erschließen will.

„Das ist beim besten Willen nicht als Teil einer Brücke zu erkennen", sagt Ursula Lorenz verständnisvoll. Die ehemalige Stadträtin wohnt in Wieblingen und kommt auf dem Weg ins Heidelberger Stadtzentrum mehrmals die Woche hier vorbei. Sie kann anschaulich erklären, wie das Bauwerk früher einmal aussah. Demnach handelt es sich um den Kopf einer ehemaligen Brücke, die zu einer Güterbahnstrecke gehörte. Diese querte an dieser Stelle

Straße und Neckar und verband die heutigen Stadtteile Handschuhsheim und Wieblingen miteinander. Die *OEG-Neckarbrücke*, benannt nach der Oberrheinischen Eisenbahn-Gesellschaft, die die Strecke betrieb, hieß bei den Heidelbergern wegen ihrer Farbe auch *Schwarze Brücke*. Sie wurde am 16. Juli 1906 eröffnet. Knapp zwei Jahre hatten die Bauarbeiten für die 230 Meter lange, dreibogige Eisenbahnbrücke zwischen Wieblingen und Handschuhsheim gedauert. Wegen der Kanalisation des Neckars kam 1924 ein vierter Bogen hinzu. Der Brückenkopf, der heute noch zu sehen ist, war am Ende des letzten Bogens angebracht, um die horizontalen und vertikalen Kräfte, die auf das Gewölbe wirkten, gegen den Boden abzustützen. „Hier wurden hauptsächlich Steine aus den Dossenheimer Steinbrüchen vom Raiffeisenmarkt in Handschuhsheim zum Weitertransport an den Hauptbahnhof gebracht", erzählt Ursula Lorenz.

Den Zweiten Weltkrieg überstand die Brücke unbeschadet, bis sie am 27. März 1945 von Soldaten der deutschen Wehrmacht gesprengt wurde. „Leider hat man sie danach zwar neu aufgebaut, Anfang der 1970er-Jahre dann aber doch wieder abgerissen, weil der Gütertransport hier nicht mehr rentabel war", seufzt die Lokalpolitikerin. „Viele Heidelberger wünschten, die Brücke würde noch heute stehen. Dann könnten zumindest Radfahrer hier den Neckar queren. Für Autos wäre sie wahrscheinlich nicht geeignet gewesen."

Die passionierte Ornithologin erkennt aber auch Vorteile in dem Fehlen der Brücke: „So konnte sich hier ein tolles Naturschutzgebiet entwickeln, in dem viele verschiedene Vögel leben und brüten." Den Tieren kommt es zupass, dass sie zwischen der Mannheimer Straße und dem Zoo seit 1970 weitgehend ihre Ruhe haben.

Heike Thissen

....

So geht's zum Brückenkopf:

Der Brückenkopf befindet sich in der Mannheimer Straße auf Höhe der Hausnummer 15.

49

Diese Ziffern künden von alten Zeiten - sie dienten früher als Hausnummern.

Hausnummer
Der lange Weg zur eigenen Adresse

Die dreistellige Zahl ist mittlerweile sehr verwaschen und man muss sich anstrengen, um sie zu entziffern. Doch wenn man es weiß, erkennt man es ganz deutlich: *No. 565* steht am Türsturz geschrieben. Was hat es mit dieser Nummer auf sich? Eine Hausnummer? Dafür scheint die Zahl etwas zu hoch zu sein, zumal das Gebäude, an dem sie sich befindet, in einem kleinen Gässchen steht und seine Adresse auch klar ist: Floringasse 3. „Doch", sagt Isabel Ritter-Göhringer, „das ist eine alte Hausnummer. Und zwar aus der Zeit, in der es noch keine Nummerierungen nach Straßennamen gab."

Nachdem in den 1770er-Jahren die Feldgüter auf der Gemarkung Heidelbergs vermessen worden waren, begannen Johann Philipp Haas und Carl Wiedinger 1773 damit, die Häuser und Grundstücke der Stadt zu erfassen, eine Arbeit, die bis 1774 dauern sollte.

Bei dieser Vermessung wurden die Grundstücke nummeriert und das *Heidelberger Lagerbuch in 5 Bänden* erstellt.

Besonders interessant ist Band 1, in dem die Einträge in vier Litera-Bezirken erfolgen: Die südliche Vorstadt war das 1. Quartier, das mit dem Buchstaben A gekennzeichnet wurde. Das 2. Quartier, die nördliche Vorstadt, erhielt das B, die südliche Altstadt als 3. Quartier das C und die nördliche Altstadt als 4. Quartier den Buchstaben D. Die Hauptstraße und die Grabengasse bildeten die Grenze zwischen den vier Bezirken.

Die Grundstücke waren in dem Lagerbuch ganz genau beschrieben: mit ihrer Größe, vermessen in Rute, Schuh, Zoll und Linie. Das Anwesen wurde beschrieben und der Besitzer genannt. Die Stadt war nun von A bis D und in Straßen aufgeteilt, denen noch eine Nummer beigegeben war. Im ersten Heidelberger Adressbuch von 1839 lautet die erste Adresse: „Aab, Ludwig, Kaufmann, Frau, Neckarstraße, Lit B Nro. 160." Der Kaufmann Ludwig Aab und seine Frau lebten demnach in einem Haus in der Neckarstraße im Bezirk B mit der Nummer 160.

1856 wurden die Häuser dann nicht mehr innerhalb der Bezirke, sondern nach Straßen nummeriert, und zwar von Westen nach Osten und von Norden nach Süden. *Das Heidelberger Adressbuch für 1856* vermerkte: „Nach der neuen Numerierung der Häuser befinden sich fast in allen Straßen der Stadt auf der einen Seite die graden, auf der anderen Seite die ungraden Häuser-Nummern. In den Straßen, die nur aus einer Häuserreihe bestehen, fehlen daher die graden oder ungraden Nummern." 1877/78 mussten sich die Bewohner der Hauptstraße aber nochmal umgewöhnen, als man die Trennung zwischen dem westlichen und dem östlichen Teil aufhob. Im Adressbuch steht: „Noch ist zu bemerken, daß normativ sämmtliche Hausnummern von Westen nach Osten und von Norden nach Süden, die ungeraden links, die geraden rechts ziehen." Die Unterteilung in gerade und ungerade Hausnummern nach Straßenseiten ist eine typische Form der Nummerierung. Sie wurde 1805 in Paris eingeführt. Auf der rechten Straßenseite befinden sich die geraden und auf der linken Seite die ungeraden Nummern.

Doch zurück nach Heidelberg und zur Hausnummer in der Florins-gasse: Die Gästeführerin erklärt: „Die erste Nummerierung er-folgte gewissermaßen im Kreis. Den Heidel-bergern hat das aber gar nicht gefallen, teilweise haben sie ihre Nummer nur sehr schlampig aufgemalt."

Der Augsburger Wilfried Matzke, dortiger Leiter des Geodatenamts und Experte für Hausnummern – in der Augsburger Fuggerei gibt es die weltweit ältesten Hausnummern aus dem Jahr 1519 – hat für den Widerstand der Bevölkerung eine Erklärung: „Die stadt-weiten Nummerierungen führte man nicht ein, um den Menschen die Orientierung zu erleichtern", sagt er. „Vielmehr sollte der staat-liche Zugriff auf die Bewohner verbessert wer-den, insbesondere für Steuereintreiber, Polizei und Rekrutierungsdienste." Er zitiert: „Die Hausnummern müssen Bettler bekämpfen, sowie liederliche und gefährliche Leute aus-findig machen." Kein Wunder, dass die Bürger

Isabel Ritter-Göhringer muss sich ganz schön strecken, um an die Hausnummer heranzukommen.

sich durch die Hausnummern kontrolliert und ihrer Freiheit beraubt fühlten und ihre Wut an den Nummerierungen ausließen. „Man hat sie immer wieder beschmiert, zerkratzt oder entfernt."

Die damaligen Bewohner der Floringasse 3 hatten aber anschei-nend nichts gegen die Hausnummer, wurde sie offensichtlich kei-nesfalls eilig hingeschmiert – geschweige denn schnellstmöglich wieder entfernt.

Eva-Maria Bast

So geht's zur Hausnummer:

Die alte Hausnummer befindet sich am Türsturz der Floringasse 3.

50

Tunneleingang

Der Ruß der Lokomotiven hat überdauert

Wie viele Heidelberger wohl jeden Tag auf dem Oberen Faulen Pelz an diesem Relikt vorbeifahren, ohne es auch nur eines Blickes zu würdigen? Auf jeden Fall viele. Dr. Dieter Jung, Allgemeinmediziner mit ausgeprägtem Interesse für die Geschichte und Geschichten seiner Heimatstadt, würde sich wünschen, dass mehr Passanten wissen, warum es sich lohnt, an dem kleinen Parkplatz einen Blick auf die Steinwand zu werfen. Denn dann würden sie einen vermauerten Tunneleingang entdecken, der von einem badischen Wappen gekrönt ist. Dieter Jung, weiß, was es damit auf sich hat.

„Hier unter dem Wappen führten früher die Gleise der Odenwaldbahn durch. Denn tatsächlich stehen wir vor dem ehemaligen westlichen Portal des Schlossbergtunnels. Der Parkplatz und die heutige Straße wurden wegen der Niveauunterschiede lediglich aufgeschüttet", erklärt er. Aus einigen Metern Abstand betrachtet, ist deutlich zu erkennen, dass das Wappen nicht das Einzige ist, was erhalten blieb: Auch der Teil eines Sandsteinbogens und zwei Pfeiler links und rechts davon ragen aus dem Boden. Dennoch bedarf es einiger Phantasie, um sich vorzustellen, wie genau an dieser Stelle qualmende Lokomotiven mit ihren Waggons durch den Berg fuhren. „Der schwarze Ruß, der in den Jahrzehnten hier hängen geblieben ist, ist noch an dem Bauwerk und am Wappen zu sehen", macht Jung deutlich. Trotz der dunklen Ablagerungen ist eine Besonderheit immer noch zu erkennen: „Um die Farben Rot und Gelb darzustellen, musste sich der Steinmetz beim Wappen eines Tricks bedienen, den man hier gut nachvollziehen kann. Der rote Streifen im Wappen ist durch senkrechte Linien kenntlich gemacht, der gelbe Schild ist gepunktet." Der Tunneleingang mit seinem Wappen, dem Sandsteinportal und den Pfeilern wurde also mit Liebe

Dr. Dieter Jung steht vor dem Tunneleingang mit dem badischen Wappen, das einst das Westportal des Schlossbergtunnels zierte, als dort noch Züge fuhren.

zum Detail gestaltet. Und das ist nicht weiter verwunderlich, denn die Odenwaldbahn spielte in der Verkehrsgeschichte der Stadt Heidelberg eine wichtige Rolle.

Als sie 1862 in Betrieb genommen wurde, war Heidelberg bereits seit 22 Jahren per Eisenbahn zu erreichen. 1840 erhielt die Stadt einen Anschluss nach Mannheim und damit an das erste Teilstück der Badischen Hauptbahn, die Rheintalbahn. Dafür wurde in der Nähe des heutigen Bismarckplatzes ein Kopfbahnhof errichtet. Schon bald waren längere Reisen möglich, weil weitere Teilstücke fertiggestellt wurden: 1843 erreichten Zugpassagiere aus Heidelberg über Bruchsal auch Karlsruhe, 1844 dann Offenburg, 1845 Freiburg und 1855 schließlich Basel. Frankfurt am Main konnten sie seit 1846 über einen Anschluss an die Main-Neckar-Bahn erreichen.

Was schließlich noch fehlte, war eine Verbindung zur bayerischen Westbahn. Und diese sollte unter dem Namen Badische Odenwaldbahn – im Gegensatz zur Hessischen Odenwaldbahn – von Heidelberg über Wiesloch nach Würzburg führen, wie es am 15. November

Bei genauem Hinsehen ist deutlich zu erkennen, dass sich in der Steinmauer ein ganzes Portal befindet.

1856 von der Stän-deversammlung beschlossen wurde. 45 Varianten standen zur Verfügung, wie die Gleise durch die Stadt verlaufen könnten. Man entschied sich schlussendlich für die Variante, die vom Karlstor durch einen Tunnel unter dem Friesenberg und dem Kurzen Buckel hindurch, am Gaisberg entlang bis zum Bergfriedhof führte und von dort in einem großen Bogen an die badische Staatsbahn andockte.

Nicht nur der eine Tunnel, vor dessen Öffnung inzwischen die Heidelberger ihre Autos parken, wurde dafür gebaut, sondern mehrere, die zum Teil heute als Autotunnel in Betrieb sind. Der 312 Meter lange Gaisbergtunnel überbrückte die Niveauunterschiede zwischen dem Staatsbahnhof und der Peterskirche, danach folgte der 68 Meter kurze Spitaltunnel. Zwischen ihm und dem 766 Meter langen Schlossbergtunnel lagen wenige Meter, auf denen die Züge kurz zu sehen waren, bevor sie wieder im Dunkel verschwanden. Die Hauptarbeiten fanden zwischen 1859 und 1862 statt. Am 23. Oktober 1862 nahm die Odenwaldbahn von Heidelberg nach Mosach mit vier Zugpaaren Fahrt auf, eines davon hielt als beschleunigter Personenzug nur an jeder zweiten Station. Die Reisenden kauften Tickets zu Preisen zwischen 12 Kreuzern für die Dritte Klasse und 48 Kreuzern in der Ersten Klasse. Damit war das Bahnfahren für einfache Leute und Hilfsarbeiter beinahe unerschwinglich teuer.

„Erst als der alte Bahnhof im Jahr 1955 aufgegeben und anschließend abgerissen wurde, verschwand die Odenwaldbahn wieder aus dem Heidelberger Stadtbild", sagt Dieter Jung mit Blick auf den vermauerten Tunneleingang. Doch schon bald kam die Idee auf, deren Bahntunnel stattdessen für den Autoverkehr zu nutzen. Heidelberger, die heute in ihrem Fahrzeug in der Stadt unterwegs sind, können sich etwas anderes gar nicht mehr vorstellen. Den Anfang machte der Gaisbergtunnel, der seit 1962 für den Straßenverkehr freigegeben ist. Deutlich aufwändiger gestaltete sich der Umbau beim Schlossbergtunnel, der nach dreieinhalbjähriger Bauzeit am 13. September 1968 eingeweiht wurde. Daran, dass hier einst Züge fuhren, denkt kaum noch jemand. Dabei ist der hübsche ehemalige Tunneleingang mit seinem badischen Wappen durchaus einen Blick wert. Aber auch zwei oder drei.

Heike Thissen

....

So geht's zum Tunneleingang:

Der vermauerte Tunneleingang befindet sich neben dem Parkplatz am Oberen Faulen Pelz unterhalb des Gebäudes Neue Schloßstraße 18.

Quellen, Literatur, Bildnachweis

303rd BG Combat Mission No. 327: Mission Report. URL: http://www.303rdbg.com/missionreports/327.pdf. Abgerufen am 02.03.2018.

Alt-Katholisch.de: Geschichte. URL: http://www.alt-katholisch.de/information/geschichte.html. Abgerufen am 18.01.2018.

Auge, Oliver: „Ruprecht von der Pfalz". In: Neue Deutsche Biographie 22 (2005), S. 283-285. URL: https://www.deutsche-biographie.de/pnd118750410.html#ndbcontent. Abgerufen am 23.01.2018.

Barth, Alfred: Heidelberger Anwesen. Friedrich-Ebert-Anlage 52. Eine bauhistorische Betrachtung des Hauses der Verbindung Karlsruhensia unter Einbezug der Odenwaldbahn. Berlin 2008, S. 17 ff.

Bast, Eva-Maria; Thissen, Heike.: Augsburger Geheimnisse. 50 spannende Geschichten aus der Fuggerstadt. Überlingen 2017, S. 104-106.

Bast, Eva-Maria; Thissen, Heike: Bamberger Geheimnisse, Überlingen 2015, S.10 ff.

Bast, Eva-Maria; Klaas, Manuela: Genial erfunden. Überlingen 2017, S. 20-22.

Basten, Robert; Jeanmaire, Claude: Heidelberger Strassenbahnen. Villingen (Schweiz) 1986.

Bauer, Sonja-Maria: „Baden an der Revolution von 1849". In: Badisches Landesmuseum Karlsruhe (Hrsg.): 1848/49. Revolution der deutschen Demokraten in Baden. Baden-Baden 1998, S. 299-301.

Biehl, Daniela: „Die Wölfe kehrten zum Wolfsbrunnen zurück". In: Rhein-Neckar-Zeitung vom 11. Juni 2015, S. 5.

Bechtel, Manfred: „Heidelberger Stadtgeschichte: Ein Passierschein für die Alte Brücke". In: RNZ. URL: https://www.rnz.de/nachrichten/heidelberg_artikel,-Heidelberg-Heidelberger-Stadtgeschichte-Ein-Passierschein-fuer-die-Alte-Bruecke-arid,222794.html. Abgerufen am 10.01.2018.

Bielefeld, Jörg: „Bismarckturm Heidelberg". URL: http://www.bismancktuerme.de/ebene4/bawue/heidelb.html. Abgerufen am 02.03.2018.

Blänsdorf, Jürgen; Janik, D.; Schäfer, E.: Bandusia. Quelle und Brunnen in der lateinischen, italienischen, französischen und deutschen Dichtung der Renaissance. Beiträge zur Altertumskunde. Band 32. Stuttgart 1993, S. 125 f.

Blätter für literarische Unterhaltung. Ausgabe vom 3. Juni 1847. Nr. 154.

Brenner, Robert: „Sekunden entschieden über Leben und Tod". URL: https://www.rnz.de/meinestadt-1945_artikel,-zzz-rnz-Meine-Stadt-1945-Sekunden-entschieden-ueber-Leben-und-Tod-_arid,29530.html. Abgerufen am 02.03.2018.

Bundeszentrale für politische Bildung: „50 Jahre Élysée-Vertrag". URL: http://www.bpb.de/politik/hintergrund-aktuell/153571/50-jahre-elysee-vertrag-21-01-2013. Abgerufen am 03.03.2018.

Cser, Andreas: Kleine Geschichte der Stadt und Universität Heidelberg. Karlsruhe 2007, S. 65-84.

Derwein, Herbert: Die Flurnamen von Heidelberg. Straßen Plätze Feld Wald. Eine Stadtgeschichte. Heidelberg 1940, S. 13 ff. , 156, 163.

Die Heidelbergseite. Gedichte. URL: http://www.djung.de/index.html?heidelberg/gedichte.html. Abgerufen am 26.02.2018.

Donatius, Christian Gottfried: Oekonomisches Portefeuille zur Ausbreitung nützlicher Kenntnisse und Erfahrungen aus allen Theilen der Oekonomie". Lübeck 1786.

Effinger, Maria: Wer wohnte wo? Die Heidelberger Adressbücher 1839-1945 online, 2003.

Evangelische Kirche in Heidelberg: „Die Heiliggeistkirche". URL: http://www.ekihd.de/html/die_heiliggeistkirche.html. Abgerufen am 24.01.2018.

Evangelische Kirche in Heidelberg: „Geschichte der Heiliggeistkirche". URL: http://www.ekihd.de/html/geschichte678.html. Abgerufen am 04.03.2018.

Fahrbach, Ute: „Marstallhof und Heuscheuer". In: Riedl, Peter Anselm (Hrsg.): Semper Apertus. Sechshundert Jahre Ruprechts-Karls-Universität Heidelberg 1386-1986. Band V. Die Gebäude der Universität Heidelberg. Heidelberg 1986, S. 240-256.

Fink, Oliver: Heidelberg. Kleine Stadtgeschichte. 2. Auflage, Regensburg 2015, S. 104 ff.

Forbriger, Markus; Mara, Hubert; Siart, Christoph; Wagener, Olaf: „3D-Darstellung und Abrollung von hochauflösenden Terrestrischen Laserscans des ‚Gesprengten Turmes' am Heidelberger Schloss". In: Forschungen zu Burgen und Schlössern 15, in Vorbereitung.

Frey, Fritz: Heimatkunde von Heidelberg und Umgebung. Heidelberg 1952, S. 52.

Fröböse, Rolf: Der Halleysche Komet. Thun 1985.

Fuchs, Peter: „Karl II". In: Bayerische Akademie der Wissenschaften: Neue Deutsche Biographie 11. München 1977, S. 249 f.

Geocaching: „Die Schwarze Brücke". URL: https://www.geocaching.com/geocache/GC58ZYP_die-schwarze-bruecke?guid=b5e137b7-0fa6-45a3-af38-e09abcd2a73a. Abgerufen am 04.03.2018.

Geo-Naturpark Bergstraße-Odenwald: „Geotope im Geo-Naturpark Bergstraße-Odenwald". URL: http://www.geo-naturpark.net/deutsch/willkommen/geologie/geotope-des-jahres.php. Abgerufen am 20.02.2018.

Gercke, Hans: Kirchen in Heidelberg. Regensburg 2011.

Giebenhain, Manfred: Kleines Heidelberg-ABC. Husum 2014, S. 104 f.

Global Security: „Campbell Barracks. Heidelberg, Germany". URL: https://www.globalsecurity.org/military/facility/campbell-bks.htm. Abgerufen am 03.03.2018.

Lange, Ralf: „Patronin der Speicherstadt". In: Quartier 06, Juni–August 2009, S. 6 f. URL: http://quartier-magazin.com/quartier06/patronin-derspeicherstadt. Abgerufen am 15.06.2016.

Goetze, Jochen: „Geschichte der Wasserversorgung in Heidelberg". In: Blum, Peter: Heidelberger Altstadtbrunnen, Schriftenreihe des Stadtarchivs Heidelberg, Sonderveröffentlichung 7. Heidelberg 1996, S. 13-23.

Grothe, Solveigh: „Kometenpanik". In: Spiegel.de. URL: http://www.spiegel.de/einestages/kometenpanik-a-948916.html. Abgerufen am 10.01.2018.

Günther, Karl: „Die Gutleuthofkapelle". In: Knörr, Karl Heinz: Schlierbach. Geschichte und Geschichten. Heidelberg 1999, S. 137-141.

Hanschke, Julian: Neue Forschungen zur Baugeschichte des Heidelberger Schlosses. URL: https://publikationen.bibliothek.kit.edu/1000043430/3245789. S. 5, 32.

Harpur, Brian: Halleys Komet. Das offizielle Buch der ‚Halley's Comet Society'. Frankfurt am Main 1985.

Hartmann, Dagmar: Henkenhaf und Ebert. Architekten der Stadthalle in Heidelberg und des Kurhauses in Scheveningen. Arbeit zur Erlangung des Grades eines Doktor phil. an der Ruprecht-Karls-Universität Heidelberg Philosophisch-Historische Fakultät, Kunsthistorisches Institut. Heidelberg 2001, S. 149, 301.

Hartmann, Jürgen: „Der Bundesadler". In: Institut für Zeitgeschichte: Vierteljahreshefte für Zeitgeschichte. Jahrgang 56. München/Berlin 2008, S. 495-509.

Hartmann, Stephanie: Kontinente in Bewegung. Entstehung der Odenwälder Granite. URL: https://diplomgeograph.wordpress.com/tag/heidelberger-granit/ . Abgerufen am 20.02.2018.

Heidelberg, Amt für Baurecht und Denkmalschutz: „Bauregistratur, Baubescheid No. 8196 III vom 1. April 1913". In: Großherzogliches Badisches Bezirksamt Heidelberg, Verwaltungssachen Ort Rohrbach XXII Polizei, 5. Bauwesen, Baugesuche der Fa. Fuchs Waggonfabrik, betr. Wasserversorgungsanlage.

Heidelberg.de: „Kunstwerke und Gedenktafeln im öffentlichen Raum". URL: https://www.heidelberg.de/site/Heidelberg_ROOT/node/452760/Lde/zmdetail_434192/index.html. Abgerufen am 03.03.2018.

Heidelberger Geschichtsverein e.V.: „Albert Mays". URL: http://www.s197410804.online.de/Personen/MaysA.htm. Abgerufen am 04.03.2018.

Heidelberger Geschichtsverein e.V.: „Brunnen, Quellen und fließende Gewässer südlich des Neckar". URL: http://www.s197410804.online.de/ABC/ABCbrunnen.htm. Abgerufen am 25.02.2018.

Heidelberger Geschichtsverein: „Das Lagerbuch der Stadt Heidelberg". URL: http://www.s197410804.online.de/Archive/lager.htm. Abgerufen am 07.03.2018.

Heidelberger Geschichtsverein e.V.: „Friedhöfe in Heidelberg". URL: http://www.s197410804.online.de/ABC/ABCfriedhoefe.htm. Abgerufen am 02.03.2018.
Heidelberger Geschichtsverein e.V.: „Heidelberger Straßen: Namen und Numerierung". URL: http://www.s197410804.online.de/Stadtgeschichte/

Neuzeit/numer.htm. Abgerufen am 07.03.2018.

Heidelberger Geschichtsverein e.V.: „Karl Christian Gottfried Nadler". URL: www.s197410804.online.de/Personen/Nadler.htm. Abgerufen am 24.02.2018.

Heidelberger Geschichtsverein e.V.: „Tunnelbauwerke in Heidelberg". URL: http://www.s197410804.online.de/ABC/ABCtunnel.htm. Abgerufen am 02.02.2018.

Heidelberger Zeitung vom 3. Juni 1899 und 20. Januar 1903.

Hepp, Frieder: „Die verlorenen Brunnen des Matthaeus Merian". In: Heidelberger Altstadtbrunnen. Heidelberg 1996, S. 29 ff.

Historicum.net – Geschichtswissenschaften im Internet: „Post". URL: https://www.historicum.net/medien-und-kommunikation/themen/artikel/post/. Abgerufen am 15.01.2018.

Hörnle, Micha: „Für Helmut Kohl war Heidelberg immer auch Heimat". URL: https://www.rnz.de/nachrichten/heidelberg_artikel,-Heidelberg-Der-Altkanzler-ist-tot-Fuer-Helmut-Kohl-war-Heidelberg-immer-auch-Heimat-_arid,282939.html. Abgerufen am 03.03.2018.

Immermann, Karl: Reisejournal. Düsseldorf 1833, S. 78 f.

Juschka, Sabine; Laux, W. S.: „Die Ehrenfriedhöfe der Stadt Heidelberg auf dem Ameisenbuckel". In: Heinemann, Günter (Hrsg.): Heidelberger Denkmäler 1788-1981. Neue Hefte zur Stadtentwicklung und Stadtgeschichte. Heft 2/1982. Heidelberg 1982, S. 84-93.

Katholische Stadtkirche Heidelberg: „Vor den Toren der Stadt. Kirche: Unterwegs mit einer Verheißung". In: Pfarrbrief Nr.7, 5.Juli-2. August 2015, S. 3. URL: http://docplayer.org/53663538-Pfarrbrief-franziskus-laeutet-jetzt-in-st-vitus-neue-handschuhsheimer-glocke-wurde-geweiht-seite-8-9-nummer-7-5-juli-2.html. Abgerufen am 07.03.2018.

Keßler, Ewald: „Kirchenpolitische Ereignisse bis 1874". In: Katholische Pfarrgemeinde der Alt-Katholiken Heidelberg-Ladenburg Odenwald-Tauber: 140 Jahre Alt-Katholische Gemeinde Heidelberg. Jubiläums-Gemeindebrief, S. 8.

Knörr, Karl Heinz: Schlierbach. Geschichte und Geschichten. Heidelberg 1999, S. 101-106.

Koenemann, Friedrich-Franz: Der Heidelberger Stadtwald. Seine Geschichte vom 17. bis 20. Jahrhundert. Heidelberg 1987, S. 79, 95.

Koenemann, Friedrich-Franz: Wanderungen durch die Heidelberger Wälder. Ziele am Wegesrand. 2., überarbeitete Auflage. Heidelberg 1994, S. 39 f., 111-132.

Kordina, Karl; Westphal, T.: Wirtschaftliche Gestaltung der Widerlager von Brücken. Braunschweig 1984, S. 3-11.

Krausnick, Michail: Beruf: Räuber. Vom schrecklichen Mannefriedrich und den Untaten der Hölzerlips-Bande. Reinbek 1978.
Kugener, Henri: „Lepraklapper". URL: http://www.kugener.com/de/humanmedizin/innere-medizin/55-artikel/2369-lepraklapper.html.

Abgerufen am 27.02.2018.

Kurpfälzisches Museum der Stadt Heidelberg: Edzard Hobbing. Kunstwerk des Monats, Nr. 359. Heidelberg 2015.

Landesamt für Denkmalpflege Baden-Württemberg: Kulturdenkmale in Baden-Württemberg. Stadtkreis Heidelberg. Teilband 1. Ostfildern 2013, S. 256-258.

Lassner, Martin: „Rieter, Hans Jacob". In: Historisches Lexikon der Schweiz. URL: http://www.hls-dhs-dss.ch/textes/d/D28585.php. Abgerufen am 17.01.2018.

Mauntel, Christoph; Meyer, C.; Wendt, A.: Heidelberg in Mittelalter und Renaissance. Eine Spurensuche in zehn Spaziergängen. Ostfildern 2014, S. 115-140.

Mertens, Melanie: „Kunst und Kaserne. Die Großdeutschlandkaserne in Heidelberg". In: Denkmalpflege in Baden-Württemberg. 4/2015. Stuttgart 2015, S. 209-214.

Merz, Ludwig: „Zwei Kämpfe um die Alte Brücke". In: Prückner, Helmut (Hrsg.) unter Mitwirkung des Vereins Alt-Heidelberg: Die alte Brücke in Heidelberg, 1788-1988. Heidelberg 1988, S. 103-105.

Metzger, Johann: Beschreibung des Heidelberger Schlosses und Gartens. Heidelberg 1829, S. 31.

Moers-Messner, Wolfgang v.: Heidelberg und seine Kurfürsten. Die große Zeit der Geschichte Heidelbergs als Haupt- und Residenzstadt der Kurpfalz. Ubstadt-Weiher 2001, S. 365-375.

Moritz, Werner: „Ein Gefängnis der ganz besonderen Art: der Universitäts-Karzer". In: Uni Heidelberg Unispiegel. URL: http://www.uni-heidelberg.de/presse/unispiegel/us08-3/ein.html. Abgerufen am 10.02.2018.

Mumm, Hans-Martin: „Die Freischarenschanze auf dem Heidenknörzel, Heidelberg". In: Jahrbuch zur Geschichte der Stadt 18. Heidelberg 2014, S. 187-189.

Muth, Frank: Straßenbahnen in Heidelberg. München 2003, S. 11 ff.

Oechelhäuser, Adolf von: Die Kunstdenkmäler des Amtsbezirks Heidelberg. Tübingen 1913 (Digitalisat).

Peter, Bernhard; Smasal, Dominik: Galerie: „Photos schöner alter Wappen Nr. 1021". Heidelberg. URL: http://www.welt-der-wappen.de/Heraldik/Galerien/galerie1021.htm. Abgerufen am 21.02.2018.

Petzoldt, Leander: Historische Sagen. Band II. Baltmannsweiler 2001, S. 130 f.

Pfeiffer, Harald: Johannes Brahms in Heidelberg und Ziegelhausen. Zum 175. Geburtstag des Komponisten. Leipzig 2008, S. 23-45.

Pfister, Ludwig: Aktenmässige Geschichte der Räuberbanden an den beiden Ufern des Mains, im Spessart und im Odenwalde: enthaltend vorzüglich auch die Geschichte der Beraubung und Ermordung des Handelsmanns Jacob Rieder von Winterthur auf der Bergstrasse, Heidelberg 1812 (Digitalisat).

Pötzsch, Christian Gottlieb: Chronologische Geschichte der grossen Wasserfluthen des Elbstroms seit tausend und mehr Jahren. Walthersche Hofbuchhandlung, Dresden 1784 Google-Books, S. 116.

Projekt Gutenberg: „Kramer, Heinrich: Der Hexenhammer. Zweiter Teil – Kapitel 17". URL: http://gutenberg.spiegel.de/buch/der-hexenhammer-zweiter-teil-5867/17. Abgerufen am 18.02.2018.

Räther, Hansjoachim: Die Heidelberger Strassennamen. Heidelberg 2015.

Rhein-Neckar-Zeitung vom 15.&16. Mai 1985.

Rink, Claudia: „punker im Jahrbuch der Geschichte". URL: http://www.derpunker.de/punker-im-jahrbuch-der-geschichte.html. Abgerufen am 18.02.2018.

Rohrbacher, Ilse: „Brahms in Ziegelhausen". In: Kurpfälzisches Museum (Hrsg.): Musik in Heidelberg. Heidelberg 1985, S. 207 ff.

Rösiger, Ferdinand: Chronik der Stadt Heidelberg für das Jahr 1914. XXII. Jahrgang. Heidelberg 1916, S. 38.

Ruprecht. Heidelberger Studierendenzeitung: „Genius loci als Schutzpatron im Weltkrieg?" Nr. 75. Dezember 2001, S. 7.

Ruuskanen, Leena: Der Heidelberger Bergfriedhof. Kulturgeschichte und Grabkultur. Ausgewählte Grabstätten. Heidelberg 1992, S. 15-22, 45-47, 48 f.

Sagan, Carl; Druyan, Ann: Der Komet. München 1985.

Scharf, Hans-Wolfgang: Eisenbahnen zwischen Neckar, Tauber und Main. Band 1: Historische Entwicklung und Bahnbau. Freiburg 2001.

Scharf, Hans-Wolfgang: Eisenbahnen zwischen Neckar, Tauber und Main. Band 2: Ausgestaltung, Betrieb und Maschinendienst. Freiburg 2001.

Schmidt, Jens U.: Wassertürme in Baden-Württemberg. Cottbus 2009, S. 217.

Schmidt-Herb, Ludwig: „Rohrbacher Quellwasser nach Mannheim. Teilstück der „Traitteurschen Wasserleitung" entdeckt". URL: https://www.stadtteilverein-rohrbach.de/die-traitteursche-wasserleitung.html. Abgerufen am 04.03.2018.

Schmidt-Herb, Ludwig: „Stand Eichendorffs Mühle in Rohrbach?" URL: https://www.rnz.de/kultur-tipps/kultur-regional_artikel,-Kultur-Regional-Stand-Eichendorffs-Muehle-in-Rohrbach-_arid,18548.html. Abgerufen am 20.02.2018.

Schottner, Alfred: Die „Ordnungen" der mittelalterlichen Dombauhütten: Verschriftlichung und Fortschreibung der mündlich überlieferten Regeln der Steinmetzen. Münster 1995.

Schreiber, Alois Wilhelm: Handbuch für Reisende am Rhein von Schaffhausen bis Holland (Digitalisat).

Seele, Sieglinde: Lexikon der Bismarck-Denkmäler. Petersberg 2005, S. 195.

Stadtarchiv Heidelberg: Ablieferung Fuchs Nr 62 und 63, Gutachten zum Verkauf der Firma vom 16. Juni 1956, Bestandsaufnahme der Gebäude.

Stadtarchiv Heidelberg: Akte 199t,25: Stadthalle, hier Fliegerschäden, Jahr 1940-1941 [31. Juli 1940].

Stadtarchiv Heidelberg: Bürgerausschuss- und Ratsprotokolle vom 3. Juli 1913.

Stadtarchiv Heidelberg: Conto-Corrent-Buch M 1913-15, S. 239, 250.

Stadtarchiv Heidelberg: VA49/2: Schriftwechsel zwischen Gemeinderat Rohrbach und Waggonfabrik Fuchs vom 15. Dezember 1911 bis 23. November 1912.

Stadtarchiv Heidelberg: VA49/7: Gutachten über die wasserrechtlichen Verhältnisse bzgl. der Ableitung des Abwassers der Gemeinde Rohrbach nach der Gemeinde Heidelberg-Kirchheim. 6. Februar 1925.

Stadtteilverein Rohrbach: „Käthchen von Rohrbach und der Dichter Joseph von Eichendorff". URL: http://www.hilfe-hd.de/rohrbach/kaethchen.htm. Abgerufen am 20.02.2018.

Stadtteilverein Ziegelhausen und Peterstal e.V.: Stadtteilrundschau. 46. Jahrgang, Heft 31. 6. August 2014. Heidelberg 2014, S. 2 f.

Steinbach, Dietrich (Hrsg.): Romantik. Lyrik mit Materialien. Stuttgart/Düsseldorf/Leipzig 1999, S.18.

Steiner-Welz, Sonja: Das Heidelberger Schloss. Seine Geschichte: Reisende über Heidelberg. Mannheim 2005, S. 48 ff., 56.

SWR2: Joseph von Eichendorff: „In einem kühlen Grunde". URL: https://www.swr.de/swr2/kultur-info/literarische-orte-in-einem-kuehlen-grunde-josef-von-eichendorff-heidelberg/-/id=9597116/did=20152044/nid=9597116/gvcw4y/index.html. Abgerufen am 20.02.2018.

Thorbecke, August: Chronik der Stadt Heidelberg für das Jahr 1901. IX. Jahrgang. Heidelberg 1902, S. 126 f.

Traitteur, Johann Andreas von: Die Wasserleitungen von Mannheim. Mannheim 1798, S. 18-22.

Universität Heidelberg: „Das Heidelberger Adressbuch". URL: http://www.ub.uni-heidelberg.de/helios/digi/hdadressbuch_info.html. Abgerufen am 25.01.2018.

Universität Heidelberg: „Heidelberger historische Bestände digital". URL: http://digi.ub.uni-heidelberg.de/diglit/AdressbuchHD1839/0005?sid=2cad1a3c4be6979726011294a4ab4037. Abgerufen am 25.01.2018.

Universität Heidelberg: „Universität Heidelberg trauert um Alumnus Dr. Helmut Kohl. Pressemitteilung vom 17. Juni 2017". URL: https://www.uni-heidelberg.de/presse/meldungen/2017/pm20170617_helmut_kohl.html. Abgerufen am 03.03.2018.

Verlag Schnell & Steiner: Heiliggeistkirche Heidelberg. Kunstführer Nr. 1184, 41., neu bearbeitete Auflage 2006, S. 12-14, 15.

Vetter, Roland: Die ganze Stadt ist abgebrannt. Heidelbergs zweite Zerstörung im Pfälzischen Erbfolgekrieg 1693, Karlsruhe 2009.
Via Momentum. „Denkmalpflege Heidelberger Friedhöfe e.V.: Zur Geschichte des Heidelberger

Bergfriedhofs". URL: http://www.via-monumentum.de/index.php?article_id=14#907. Abgerufen am 03.03.2018.

Waag, Albert : Chronik der Stadt Heidelberg für das Jahr 1893. Heidelberg 1895, S. 53 f.

Wahrlich, Bernd: „Merven, Heinrich van der". In: Der Dreißigjährige Krieg in Selbstzeugnissen, Chroniken und Berichten. URL: http://www.30jaehrigerkrieg.de/merven-heinrich-van-der-2/. Abgerufen am 19.02.2018.

Wetzig, Sabine: „Die Denkmäler für Karl Gottfried Nadler und Joseph Victor von Scheffel". In: Heinemann, Günter (Hrsg.): Stadtentwicklung und Stadtgeschichte. Heft 2. Heidelberger Denkmäler 1788-1981. Heidelberg 1982, S. 36-38.

Wikipedia: „Heiliggeistkirche Heidelberg. Gottesdienste". URL: https://de.wikipedia.org/wiki/Heiliggeistkirche_(Heidelberg). Abgerufen am 22.02.2018.

Wikipedia: „Jesuitenkirche Heidelberg. Geschichte der Kirche". URL: https://de.wikipedia.org/wiki/Jesuitenkirche_(Heidelberg). Abgerufen am 22.02.2018.

Wikipedia: „Karl Friedrich (Baden)": URL: https://de.wikipedia.org/wiki/Karl_Friedrich_(Baden)" \o "Karl Friedrich (Baden)". Abgerufen am 22.02.2018.

Winterberg, Thilo: „Das Haus Hauptstraße 126/128". In: Riedl, Peter Anselm (Hrsg.): Semper Apertus. Sechshundert Jahre Ruprechts-Karls-Universität Heidelberg 1386-1986. Band V. Die Gebäude der Universität Heidelberg. Heidelberg 1986, S. 231-234.

Zahn, Eberhard: Die Heiliggeistkirche zu Heidelberg. Karlsruhe 1960.

Zeit.de: „Astronomie im Jahr 1910. Wie ein Komet Europa in Panik versetzte". URL: http://www.zeit.de/wissen/geschichte/2010-05/komet-halley-gift/seite-2. Abgerufen am 28.02.2018.

Zink, Georg: „Vom Werden des Heidelberger Stadtadreßbuches – ein Spiegelbild der Stadtentwicklung in der Zeit von 1839-1938". In: Stadt-Adreßbuch der Kreishauptstadt Heidelberg nebst den Stadtteilen Handschuhsheim, Kirchheim, Wieblingen, Rohrbach und den zur Stadt gehörenden Siedlungen sowie den Gemeinden Ziegelhausen nebst dem Ortsteil Petersthal und Leimen für das Jahr 1938. 75. Jahrgang (1938). Heidelberg 1938, S. 1-11

Bildnachweis
S. 71: Brezel, Helga Schmidt
S. 114: Fischbecken Thomas Dittmer
S. 155: Zoo Heidelberg

Haftungsausschluss

1   Fratzen mit Münzen
2   Türmchen
3   Grabstein
4   Hurenbrunnen
5   Hochwassermarke
6   Bordsteinkanten
7   Karzertür
8   Feuersalamander
9   Besitzstein
10 Schwarzblaues Viereck
11 Initialen
12 Einschlaglöcher
13 Komet
14 Wäscherinnen-Brunnen
15 Grundriss
16 Steinmetzzeichen
17 Gedenkstein
18 Himmelsleiter
19 Brezel
20 Tilly-Sitzbank
21 Wolfsköpfe
22 Brunneninschrift
23 Eisenhaken
24 Adler-Schild
25 Grabmal
26 Bismarcksäule
27 Hundeköpfe
28 Kaspar-Job-Inschrift
29 Loch
30 Fischbecken
31 Punkerstraße
32 Kanzlerblick
33 Turm
34 Zwei Eingänge
35 Pferdchen
36 Teilkästen

37 Falscher Reichsadler
38 Steinmauer
39 Torturm
40 Neidkopf
41 Handwerkerzeichen
42 Portal
43 Setzkasten
44 Pferderelief
45 Mausoleum
46 Nadler-Denkmal
47 Schlussstein
48 Brückenkopf
49 Hausnummer
50 Tunneleingang

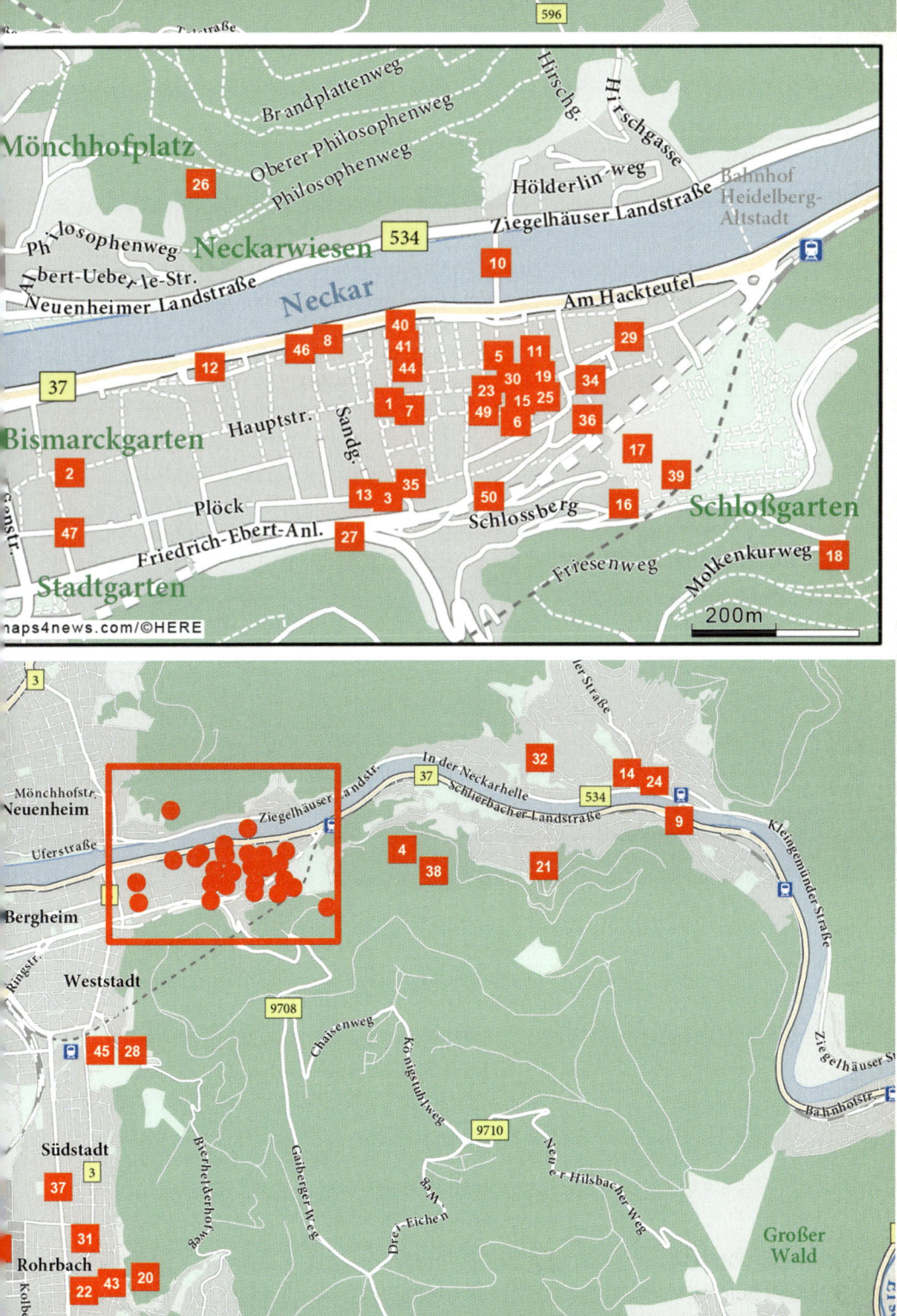

....

Hier gibt es sachkundige Informationen:

Dr. Dieter Jung

Führungen durch die Altstadt zu
verschiedenen Themen oder auch zu
„Geschichte und Geschichten von
Heidelberg".
Friedrich-Ebert-Anlage 23a
69117 Heidelberg
Telefon: 0175 / 2060 123
E-Mail: praxis@djung.de
Homepage: www.djung.de

event & eventchen Heidelberg

Individuelle Heidelberg-Aufenthalte auf der
Grundlage von Stadt- und Schlossführungen.
Am Kronenburger Hof 17
69221 Dossenheim
Geschäftsführer: Susanne Kahlig
Telefon: 06221 / 867358
Fax: 06221 / 864788
Mobil: 0172 / 6206563
E-Mail: kahlig@eventchen-heidelberg.de
Homepage: www.eventchen-heidelberg.de

Dagi Keller

Dipl.-Geologin / UNESCO Geopark-
Rangerin / zert. Heidelberger Schloss- und
Gästeführerin.
Geo- und Naturführungen, Stadtführungen in
Heidelberg und Umgebung.
E-Mail: dag_keller@web.de

Heiliggeistkirche

Von März bis Oktober gibt es am 1. Sonntag
des Monats um 12.45 Uhr
Kirchenführungen durch speziell geschulte
Führer an (Dauer: ca. 1 Stunde).
Heiliggeistkirche
Am Marktplatz
69117 Heidelberg
Telefon: 06221 / 21117
E-Mail: citykirche@ekihd.de
Homepage: www.citykirche-heiliggeist.de
Öffnungszeiten: Mo.-Sa. 11-17 Uhr,
So. und Feiertage 12.30-17 Uhr

Heiner Grombein

B.A., zert. Stadt- und Schlossführer,
Führungen in Heidelberg und Umgebung und
Erlebnisführung im historischen Kostüm:
Heidelbergs goldenes Zeitalter
E-Mail: heinergrombein@t-online.de

Isabel Ritter-Göhringer

Verschiedene Themenführungen in der Stadt:
Die Bempel Führung, Altstadt von A-Z ,
Symbole, Zeichen und Merkwürdigkeiten. Die
Privatführungen werden auf Wunsch
individuell für Besucher gestaltet.
Gleiwitzerstraße 12
69124 Heidelberg
Telefon: 06221 / 781725
E-Mail: HDFuehrungen@aol.com /
I.Goehringer@googlemail.com
Homepage: www.hd-fuehrungen-mit-flair.de

Anette Senn-Schmottlach
Gästeführerin für die Stadt Heidelberg und
die Schlossruine.
Alpirsbacher Weg 4
68239 Mannheim
Telefon: 0621 / 4814021
E-Mail: Anette.Senn-Schmottlach@arcor.de

Stadtteilverein Rohrbach e.V.
Führungen durch den Stadtteil Rohrbach
nach Vereinbarung und Heimatmuseum
(geöffnet jeden 1. Sonntag im Monat,
14 -16 Uhr und nach Vereinbarung)
Rathausstraße 43 (Altes Rathaus)
69126 Heidelberg
E-Mail: museum@stadtteilverein-rohrbach.de
Homepage: www.stadtteilverein-rohrbach.de

Susanne Späinghaus-Monschau
Palatina Zeitreisen
Historische Erlebnisführungen, Stadt- und
Schlossführungen in und um Heidelberg.
Humboldtstraße 20
69120 Heidelberg
Telefon: 06221 / 163611
E-Mail: info@palatina-zeitreisen.de
Homepage: www.palatina-zeitreisen.de

Wolfsbrunnen
Andreas Hauschild
Erleben Sie das schönste Kleinod von
Heidelberg. Begeben Sie sich in unseren
Führungen auf die Spuren der Kurfürsten,
Dichter, Philosophen und der Jetta-Sage.
Wolfsbrunnensteige 15
69118 Heidelberg
Telefon: 06221 / 43 43 777
E-Mail: Info@Freundeskreis-wolfsbrunnen.de

··

Publikationen:

Goetze, Jochen: „Geschichte der
Wasserversorgung in Heidelberg".
In: Blum, Peter: Heidelberger
Altstadtbrunnen, Schriftenreihe des
Stadtarchivs Heidelberg,
Sonderveröffentlichung 7.

Pfarrgemeinde Heilig Geist (Hrsg.): 250 Jahre
Jesuitenkirche Heidelberg. Heidelberg 2009.

Pfarrgemeinde St. Raphael (Hrsg.): 100 Jahre
St. Raphael Heidelberg. Heidelberg 2005.

Tschacher, Manfred; Grießhaber, E.;
Heidelberg. Katholische Heilig-Geist-Kirche
und St. Anna-Kirche. Regensburg 2013.

die

Geheimnisse der Heimat

gibt es jetzt neu in ...

Weimar	Saarbrücken
Ingolstadt	Bamberg (Band 2)
Erfurt	Würzburg (Band 2)
Gelsenkirchen	Düsseldorf
Bochum	Nürnberg
Leipzig	Velbert

Seit 2011 haben wir 53 „Geheimnisse"-Titel produziert.
Alle Städte finden Sie unter www.bast-medien.de

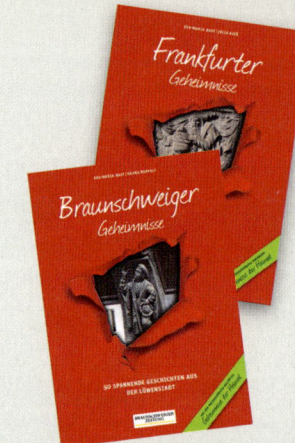

im Buchhandel oder unter: www.bast-medien.de

die Reihe

Was die Stadt prägte

(ehemals „Kalenderblätter") gibt es in ...

Bamberg	München
Konstanz	Würzburg

52 große und kleine Begegnungen mit der
Stadtgeschichte, passend zu den Kalenderwochen

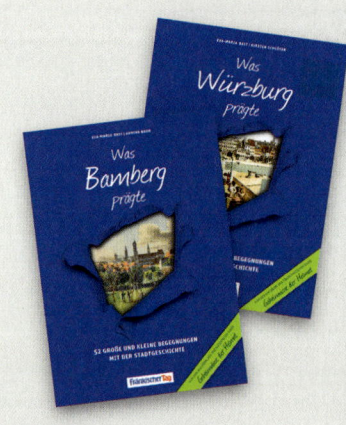

weitere Geheimnisse und neue Buchreihen sind in Produktion

die

Geheimnisse

gibt es auch über ...

Erfindungen	Redewendungen

50 spannende Geschichten zu überregionalen Themen

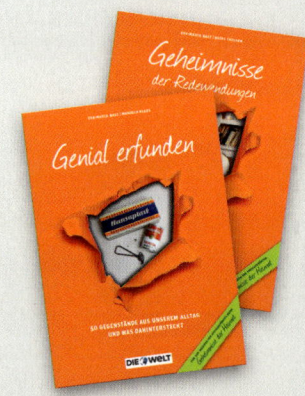